다음 세대를 생각하는
인문교양 시리즈

아우름 41

좋은 디자인은
내일을 바꾼다

꿈꾸는 사람들을 위한 디자인의 멋진 질문들

김지원 지음

샘터

디자인은 그것이 실패하기 전까지는 우리 눈에 보이지 않는다.
- 브루스 마우Bruce Mau

우리 삶을 바꾸는 디자인의 힘

얼마 전 '디자인이 무엇이냐'는 질문을 여러 사람에게 받게 되었습니다. 창조적인 활동을 하는 공예나 건축, 패션, 예술 등과 같은 영역과는 어떤 차이가 있는지, 그 일을 하는 사람들과는 어떻게 다른지에 대한 궁금증이었습니다. 디자인 영역이 넓어지다 보니 이런 궁금증을 갖게 되는 것도 무리는 아닙니다. 타 분야와 비교하는 데 모호함을 느끼기 때문이죠.

디자인이란 무엇일까요? 추측컨대 디자인이 처음 생겨난 건 아름다운 사물을 만들고 싶은 욕망 때문이었을 거예요. 하지만 사물이 일상의 쓰임을 창출하기 위해서는 아름다움 이상의 가치를 추구할 수밖에 없었을 거고요. 그래서 디자인이 필요하게 된 거죠. 어떤 이들은 사람이 살아가는 데 필요한 건축물이나 사물들을 디자인이라고 말합니다. 또 어떤 이들은 일상의 사물들을 만드는 과정 자체를 디자인이라고 말하기도 하고요. 그렇게 따지고 보면 세상에 디자인 아닌 것이 없을 정도입니다. 이른 아침 눈을 뜨고 잠자리에 드는 순간까지 디자인이 닿지 않는 곳은 없습니다.

《디자이너란 무엇인가》를 쓴 영국의 디자인 교육자 노먼 포터 Norman Potter는 '디자인은 그가 속한 사회의 가치를 반영한다'고 했습니다. 디자인은 사회 구성원들이 추구하는 삶의 가치를 만들고 표현하는 데 필요한 도구와 방법이 되어줍니다. 사회가 지향하는 가치가 변하면 디자인도 변화를 겪게 됩니다. 일상에 편리함을 제공하기 위해 디자인된 물건은 기업가들에 의해 과잉 소비를 부추기는 결과를 낳기도 하고요. 반대로, 디자인을 통해 환경오염과 기후변화, 물 부족 등과 같은 사회 문제에 대한 관심을 촉구하기도 합니다. 디자인은 개인에게 주어진 크고 작은 문제에서부터 사회와 국가, 더 나아가 지구가 당면한 각종 문제를 해결하는 수단이 됩니다. 따라서 디자인이란 창의적인 문제 해결의 과정일 수밖에 없습니다.

디자인이 무엇인지는 사회를 위해 디자인이 어떤 일을 하고 있는지 들여다보면 쉽게 알 수 있습니다. 디자이너는 사람들이 편안하게 쉴 수 있는 의자를 디자인하기도 하고요. 새로운 시작을 꿈꾸는 창업가들을 위해 가격도 적절하고 기능도 탁월한 사무용 가구도 설계합니다. 길눈이 어두운 사람들, 고령자나 어린이, 첫 방문자들이 쉽게 길을 찾을 수 있도록 보행자 표지판의 그래픽 디자인에도 신경을 씁니다. 환경오염을 막기 위해 물건의 재활용과 재사용 방법도 제안합니다. 하지만 그 모든 실천은 그것을 사용하는 사람들의 요구가 없다면 아무런 의미가 없습니다. 그래서 디자인은 홀로 존재할 수 없습니다. 디자인은 언제나 우리 곁에서 당면한 여러 문제들을 창의적으로 해결하고, 적극적으로 나아갈 수 있도록 도움을 줄 뿐입니다.

우리가 마주하는 디자인은 우리가 만들어가는 삶의 모습을 반영합니다. 우리는 앞으로 어떤 모습의 디자인을 만날까요? 우리가 만들어갈 것들이 여전히 많이 남아 있는 만큼 앞으로 만날 디자인의 모습 역시 기대합니다.

2019년 11월, 가을이 한창인 창가에서
김지원

| 차 례 |

1장

일상으로부터

기억을 깨우는 사물,
모나미153

일상의 경험을 이야기로 남기는 물건들이 있습니다. 그런 사물들은 한 시대를 상징하는 디자인이 되고, 그 디자인이 남긴 이야기는 문화로 남아 다음 세대까지 영향을 미치곤 합니다. 흔하디흔한 볼펜 한 자루도 그중 하나입니다. 지금은 많은 정보를 디지털 기기에 담고, 타인과의 소통도 '터치' 몇 번으로 이루어지지만, 여전히 말로 다하지 못한 속내나 소중히 품은 꿈들은 종이에 기록으로 남깁니다. 인류의 이런 오랜 습관은 다양한 필기도구의 발명을 이끌었는데요. 그중에서도 볼펜은 '쓰기 도구'의 대중화를 이끈 필기구입니다. 글 작가라면 하나쯤 애착하는 만년필이 있고, 공부하는 학생들이나 예술가들에게는 쓰고 지우기를 반복할 수 있는 연필이 유용했다면, 볼펜은 일터에서 가볍고 잘 써지고 지워지지도 않는 사무용 필기구로 자리 잡게 되었습니다.

볼펜이 없던 시절에는 금속 또는 크롬으로 만든 펜이나 만년필을 사용해야 했는데요. 가격도 저렴하지 않은 데다 잉크병도 늘 들고 다녀야 했기 때문에 여간 불편한 것이 아니었습니다. 점점 더 빠르게 돌아가는 산업사회의 일터에서 펜은 실용적이지도 않고 비싸기만 한 도구로 인식되기 시작했습니다. 그런 마음의 외침 때문이었을까요? 펜 안에 잉크를 주입하고 펜촉의 끝에 삽입된 아주 작고 동그란 볼을 움직일 때마다 잉크가 새어 나오도록 고안한 볼펜ballpoint pen이라는 도구가 탄생되었으니 말입니다.

역사에 기록된 최초의 볼펜은 지금부터 130년 전인 1888년에 발명되었는데요. 미국 메사추세츠주에서 가죽으로 제품을 만드는 존 라우드John J. Loud가 착안한 것으로, 발명의 핵심은 펜 끝의 볼이었습니다. 원래는 가죽에도 지워지지 않고 필기감이 좋으면서도 오래 쓸 수 있는 펜을 생각하다가 발명하게 되었다는데요. 초기에는 볼 사이로 잉크가 많이 새어 나와 쉽게 번지고 글자도 제대로 써지지 않았다고 해요. 그 뒤로 여러 사람의 손을 거치며 수많은 시행착오 끝에 오늘날의 모양을 갖추었습니다. 1950년대 후반이 되어서야

기술의 발달과 함께 품질의 안정성과 가격의 효율성을 확보하며 전 세계인의 일상에 보급되기 시작했습니다.

우리나라 기술로 생산된 최초의 볼펜은 무엇일까요? 우리 주변에서도 아주 쉽게 접할 수 있는 모나미 153볼펜입니다. 볼펜을 가져가는 요정이라도 있는 것처럼 너무 자주 잊어버리는 물건 중 하나이기도 하지요. 이사를 하거나 대청소를 할 때면 옷장 밑이나 책장 뒤에서 한두 개씩 발견하곤 했던 기억이 있습니다. 한국인의 일상에 없어서는 안 될 물건이었고, 그만큼 흔하기도 했습니다. 이 볼펜이 태어난 것은 1963년 5월로, 그러니까 벌써 50살을 훌쩍 넘겼습니다. 볼펜이 생산될 당시 한국 사회는 여전히 전쟁의 상흔을 치료하기에도 벅찼고, 일상생활에 필요한 기본적인 물자조차 매우 부족한 상황이었어요. 먹고살기 힘들었던 그 시절, 개인의 취향을 일일이 반영하며 다양하게 디자인할 여력이 없었지요. 최소한의 비용으로 가장 중요한 기능만을 탑재해 생산해야 했으니까요. 대부분 꼭 필요한 자원이나 사용 목적이 분명한 물건들이었습니다. 기호품이라기보다는 필수품에 가까웠죠.

6·25 전쟁으로 황폐해진 삶 속에서도 기록을 통해서 삶을 다시 희망할 수 있는 매개물이었던 모나미의 153볼펜은, 당시 시내버스 요금과 신문 한 부의 값과 동일한 15원이었습니다. 살아가면서 최

소한 누려야 하는 도구의 최저 가격이 15원이었던 셈이죠. 153볼펜의 현재 가격은 시내버스 요금보다 낮은 300원에 불과하고, 군더더기 하나 없는 예전의 모양 그대로 여전히 일상의 필수품으로 자리하고 있습니다.

한편으로는 다채로워진 필기구들 사이에서 흔하고 보잘 것 없는 물건으로 여겨진 것도 사실이에요. 책상 위의 볼펜 요정들은 끊임없이 새로운 것을 탐하니까요. 오래되고 낡은 볼펜 한 자루의 위력이 다시 발휘된 건 50주년을 기념하여 니켈 도금한 한정판 모나미153이 출시된 이후부터였습니다. 평소엔 눈여겨보지 않다가 한정판이라는 말에 귀가 솔깃해진 저 역시 구매 욕구가 생길 정도로 흥미로웠으니까요. 하지만 소비 욕구만을 자극하고 사라지는 디자인의 '속임수'만 있었다면 대중들의 주목을 오래 끌지 못했을 거예요. 모나미의 153볼펜이 한국 디자인의 상징이 된 건 변변한 필기구도 없던 시절, 고작 15원짜리 볼펜 한 자루가 기록해온 끝없는 삶의 희망 때문이었습니다. 눈길을 끄는 화려함은 없었지만, 볼펜 끝으로 써 내려간 이야기들은 값을 매길 수 없을 정도로 소중한 꿈들이었을 테니까요.

사회학자 셰리 터클Sherry Turkle은 이렇게 말했다고 합니다. '사람은 사물을 창조하고 그 사물을 통해 다시 영감을 얻는다. 우리의 기억을 깨우는 사물의 의미는 거기에 있다.' 펜에서 볼펜으로 그리고 터치펜으로, 한 사물은 다음 사물의 탄생에 영감을 줍니다. 15원짜리 볼펜 한 자루가 유일한 희망의 도구였던 시대를 지나 이제는 각양각색의 도구들이 책상 위를 채우며 우리의 상상력을 부추기듯이 말입니다.

오래도록 사랑받는
디자인의 비밀

물건에 대한 애착을 둘러싼 이야기들은 영화나 소설, 만화 등에서 흥미로운 주제로 다뤄지곤 합니다. 스누피Snoopy라는 스타 캐릭터를 탄생시킨 만화《피너츠The Peanuts》의 등장인물 라이너스는 담요에 대한 강한 애착을 보이는데요. 누나인 루시와 찰리 브라운의 애완견 스누피가 이따금 담요를 숨기거나 가지고 달아나는 통에 극도의 불안감을 느끼기도 합니다. 라이너스에게 담요는 세상 그 무엇과도 바꿀 수 없는 것이기 때문입니다.

　하나의 물건에 각별한 애정을 쏟는 현상은 유년기의 아동들에게서 자주 나타나곤 합니다. 아이들은 성장하면서 절대적인 의존의 대상인 엄마로부터 분리되는 과정을 경험하는데요. 이때 불안과 상실감도 동시에 찾아옵니다. 담요나 봉제인형과 같은 사물들은 외로움과 애정 결핍을 채워줄 대상이자 세상을 향해 씩씩하게 나아가는 데 의지할 만한 친구가 되어줍니다.

라이너스의 담요처럼 과도기의 불안정한 시기를 극복하는 데 도움을 주는 사물을 중간대상transitional object이라고 하는데요. 가장 대표적인 사물이 폭신폭신한 곰 인형입니다. 나이나 성별과는 무관하게 모든 사람들에게 인기 있는 장난감 중 하나죠. 곰 인형은 어린아이들의 전유물이 아니라 모두의 어린 시절을 간직한 대상으로 인식되는 것 같습니다. 수많은 곰 인형은 세계 전쟁과 경제 불황이라는 위기의 시간을 견디고, 플라스틱 장난감과 디지털 게임기와 같은 기술 우위의 장난감 속에서도 꿋꿋하게 살아남았습니다. 특히 테디 베어Teddy Bear는 백 살을 훌쩍 넘긴 오늘날까지도 무수한 장난감들 사이에서 가장 상업적인 성공을 거둔 장난감으로 회자되는데요. 탄생 스토리에 그 이유가 숨어 있습니다.

1902년 가을, 테오도르 루즈벨트 대통령이 사냥터에서 다친 어미 곰을 풀어준 일화가 워싱턴포스트지에 삽화로 소개된 적이 있습니다. 위협은커녕 보살핌을 필요로 하는 가엾은 곰의 모습은 곰에 대한 기존의 인식을 깨고, 전 세계인들의 동정심을 유발하게 됩니

좋은 디자인은 내일을 바꾼다

| 테디베어, 1903

정서와 감정을 교류하는 관계 맺기의 사물. 100년이 지나도 여전히 세계인들에게 사랑받고 있다.

다. 이런 사회적인 분위기는 인형 업계까지 전해져 발 빠른 어느 사업가에 의해 곰 인형이 탄생하게 되었습니다. 루즈벨트 대통령의 어린 시절 애칭인 '테디'라는 이름을 따서 말이죠.

테디 베어의 인기가 얼마나 대단한지 스위스의 산업 분석가 월터 스타헬Walter Stahel은 테디 베어 인자teddy bear factor라는 개념을 통해서 오래도록 사랑받는 디자인의 비결을 분석하기도 했는데요. 테디 베어를 돌보는 과정을 들여다보면, 테디 베어가 단순히 귀여운 사물이 아니라 마음을 나누는 친교의 대상임을 발견할 수 있다고 합니다. 또 다른 전문가들은 테디 베어와 같은 봉제 인형의 소비가 지속되는 것은 불안한 사회 속에서 안정을 찾고 마음을 위로받으려는 사람들의 욕구가 촉발한 신호라는 견해도 내놓습니다.

1926년 출간되어 아직까지 큰 사랑을 받는 밀른A. A. Milne의 그림책《위니 더 푸우Winnie-the-Pooh》의 경우도 마찬가지입니다. 급변하는 사회 속에서 불안한 개인은 자신을 잃지 않고 살아가려고 안간힘을 씁니다. 그때마다 세상의 모든 곰돌이들을 대신하여 동화 속 테디 베어, 위니 더 푸우가 전하는 말들은 의지가 되고 힘이 됩니다. 이렇다 할 특별한 기능도 없고, 삶의 필수품도 아닌 테디 베어는 디자인적인 면에서는 사용자에게 의지해야만 하는 '반쪽짜리' 상품입니다. 하지만 그 변변치 않음이 오히려 사용자와의 친화력을 더욱 강화시키는 요소로 작용하는 것이지요.

좋은 디자인은 내일을 바꾼다

우리 모두는 어른이 되는 과정에서 의지의 대상이었던 사물들을 잊어왔습니다. 늘 끌어안던 동실동실한 곰 인형은 납작해진 채로 추억 속으로 사라졌고, 즐겁게 보던 동화책도 흥미로운 게임들 속에서 존재감을 상실했죠. 그럼에도 불구하고 어린 시절을 위로하던 사물들은 한 고비의 성장통을 겪을 때마다 우리의 무의식 속에 다시 나타나곤 합니다. 그리고 까만 밤의 공포를 베개 옆 곰 인형과 함께 이겨내며 다시 아침이 오기를 기다리던 그 시간들을 상기시킵니다.

디자인의 지속력은 기능적 탁월함이나 환경적 유익함에만 있는 것은 아닙니다. 제품과 사용자의 교감을 통해서도 가능합니다. 지속 가능한 디자인의 권위자인 조너선 채프먼Jonathan Chapman은 사람의 마음을 계속 머무르게 하려면 '물건도 사용자와 함께 진화하는 능력을 갖춰야 한다'고 말합니다. 강력한 존재감을 드러내며 사용자를 압도하지는 않더라도 공감할 수 있는 능력을 지닌 사물들은, 우리가 끊임없이 삶의 이야기를 이어가며 잃어버린 가능성의 세계를 꿈꾸도록 돕습니다. '행복한 일은 매일 있다'고 말하는 작은 테디 베어, 위니 더 푸우의 위로에 힘입어서 말이죠.

항상 우리 곁에 있는
사물

'휴식'이라는 단어를 검색해보면 연관 검색어로 쉼, 휴가, 힐링, 여행, 재충전, 쉼터, 공간, 독서, 사색, 여유 등 여러 단어들이 올라옵니다. 그리고 이 모든 것들을 가능하게 하는 디자인 사물이 4,800년 전에 발명되었지요. 바로 의자입니다. 우리 주변에는 정말 많은 의자가 존재합니다. 의자라는 사물은 마치 사람의 그림자와 같아서 앉은 사람의 지위나 내재된 욕망 등을 반영하는 물건이라고 합니다.

건축가나 디자이너들에게도 의자는 창작 욕구를 솟구치게 하는데요. 에토레 소사스Ettore Sottsass는 의자가 '인간의 몸을 지탱하는 동시에 인간의 몸을 더 자유롭게 할 수 있는 가구라는 점에서 디자인

좋은 디자인은 내일을 바꾼다

적으로 도전해볼 만한 세계'라고 말하기도 했습니다. 디자이너들에게 의자는 종종 자신의 디자인 철학이나 기술을 구현하는 수단이 되곤 합니다. 그래서인지 새로운 소재나 기술의 적용은 언제나 의자의 차지가 되죠. 사람의 신체적 활동과 생리적 특성이 최우선으로 고려되는 만큼 기능성이 모든 것에 앞섭니다. 거기에 사회적 요구와 대중적인 취향까지 반영해야 하는 만큼 디자이너의 혁신 의지를 마구 불태우는 것이죠.

이를테면, 덴마크 디자이너 베르너 팬톤Verner Panton이 그의 이름을 따 개발한 팬톤 의자는 '좋은 재료의 질 낮은 대체품'으로 여겨지던 플라스틱에 대한 인식을 바꾸었습니다. 플라스틱의 광택과 선명한 색상은 베르너가 디자인한 유연한 곡선에 잘 맞아 떨어졌고, 고급 소재로서 플라스틱의 가능성을 여실히 보여주었습니다.

프랑스의 디자이너 필립 스탁이 개발한 에메코emeco사의 네이비 의자111 Navy Chair는 플라스틱도 어떻게 재활용하느냐에 따라서 꽤 근사하고 쓸모 있다는 것을 보여준 사례인데요. 네이비 의자의 소재는 코카콜라 페트병을 재활용한 것입니다. 코카콜라 페트병의 생산량 중에서 단 3%만 6개월 이상 사용되고 나머지는 버려지는데, 이를 개선하기 위한 전략 차원에서 만든 것이었죠. 개발 기간도 오래 걸리는 데다 제작 과정에서 발생하는 비용도 일반 플라스틱을 사용하여 만든 것보다 4배 이상 들었지만, 기업의 이미지를 개선하고 디자인과 기술의 미래를 보여주는 데 일조했습니다.

이와 유사한 목적으로 만들어진 어린이 의자도 있는데요. 에코
버디ecobirdy는 오로지 한 종류의 플라스틱으로만 만들어 100% 다시
재활용할 수 있는 의자입니다. 재료로 사용되는 플라스틱은 어린이
들이 쓰지 않는 장난감을 기증받아 만들었다고 하지요. 게다가 장난
감을 기증한 어린이와 부모에게는 내가 기증한 플라스틱이 어떤 모
습의 가구로 탄생하는지를 전자우편으로 알려주기까지 한다고요!
플라스틱이 어떤 물질이며, 그것을 어떻게 사용하는지, 그리고 어떤
제품으로 재탄생할 수 있는지 일깨워줄 뿐만 아니라 발상의 전환까
지 유도합니다.

그렇다면 최초의 의자 모습은 어땠을까요? 의자의 첫 모습은 참
소박했습니다. 팔걸이도 등받이도 없는 그저 '앉을 것'이었으니까요.
이런 의자를 스툴stool이라고 부르는데요. 아마도 바위돌이나 나무
그루터기처럼 걸터앉을 수 있는 자연의 사물로부터 발전했을 거라
고 추측합니다. 대게 이런 간이 의자는 등받이와 팔걸이가 없기 때
문에 안락함이나 편안함을 주기보다는 노동을 위한 용도였거나, 노
동 사이에 잠깐의 휴식을 취하기 위한 용도였을 가능성이 높습니다.
부피도 작고 의자를 쌓아 올릴 수 있어 좁은 공간에 실용적으로 배
치할 수 있고요. 경우에 따라서는 물건을 올려놓는 선반이나 간단하

| 네이비 의자

코카콜라의 최초 페트병 111개를 녹여 만들었다고 해서 이름 붙여진 의자. 65%의 재생 페트병과 35%의 유리 섬유로 강도를 보강하였다.

게 식사를 할 수 있는 테이블 등 다용도로 쓰였기 때문에 계급 사회에서는 '평민의 의자'로 불리기도 했습니다.

스툴을 디자인의 아이콘으로 끌어올린 건 핀란드 화폐에 얼굴을 새긴 세계적인 건축가 알바 알토Alvar Aalto였습니다. 그가 1932년에 디자인한 '스툴60'의 혁신성은 하중을 견디는 다리에 있습니다. 기존의 스툴은 상판과 다리를 직각으로 붙이는 구조라 떠받치는 힘이 적어 다리가 흔들거리는 경우가 많았습니다. 그런데 알바 알토가 디자인한 스툴60은 다리 부분을 거꾸로 된 L자형으로 휘어 상판에 붙일 수 있도록 설계했기 때문에 닿는 면적이 넓어 견고하고 지탱하는 힘도 강했죠. 다리가 3개밖에 없는데도 말입니다. 스툴60은 그가 공동 창업한 아르텍Artek이라는 회사에서 여전히 생산하고 있습니다. 이 스툴은 더 이상의 개선이나 변형이 불가능할 정도로 기능과 형태가 나무랄 데 없었기 때문에 오마주한 상품들도 생겨났는데요. 스툴60에서 영감을 얻어 만든 이케아의 '프로스타 스툴Frosta Stool'이 대표적입니다. 상판과 다리로만 되어 있어 조립하기도 쉬운 프로스타는 '브랜드 해커'들의 놀잇감으로도 인기가 많습니다.

제작자가 만든 제품이나 서비스를 사용자가 용도에 맞게 개조하는 행위를 '브랜드 해킹'이라고 하는데요. 프로스타를 해킹하여 만든 어린이 자전거가 온라인상에서 화제를 모으면서 새로운 버전의

좋은 디자인은 내일을 바꾼다

해킹 사례도 많이 늘었습니다. 스위스의 제품 디자이너와 프랑스의 3D프린팅 전문가가 프로스타 의자 2개를 이용해 함께 만든 이 자전 거의 이름은 최초의 자전거로 알려진 '드라이지네Draisienne'입니다. 자전거 부품의 대부분은 나무로 되어 있고요. 페달이 없어 커다란 바퀴를 발로 차면서 가야하는 단순한 형식입니다. 프로스타를 해킹 해서 만든 자전거 역시 매우 단순합니다. 자전거의 본체는 자작나무 로 된 2개의 의자 상판과 8개의 다리로 만들고요. 손잡이 부분과 바 퀴 체인 등은 3D프린팅 한 부품으로 조립해 구동이 가능하도록 설 계했습니다. 원래 해킹은 불법이지만 최근에는 오히려 기업에서 소 비자들이 적극적으로 디자인에 참여할 수 있는 공식적인 해킹 환경 을 조성하기도 합니다. 새롭고 다양한 디자인 결과물을 얻을 수 있 으니까요.

의자를 둘러싼 이 모든 도전들은 의자가 지닌 가치 때문이 아닌 가 싶습니다. 일상에서 휴식이 되어주기도 하고, 때로는 놀이를 통 한 상상의 도구가 되어주는 의자. 권력을 가진 자만이 누릴 수 있었 던 의자가 보통의 삶에 들어온 후로 참으로 다종다양한 기능과 바람 을 담은 의자들이 생겨났습니다. 하지만 의자의 기능이 4,800년 전 과 다를 바 없듯이 의자의 가치도 여전합니다. 의자는 사람들의 일 상을 지탱하며 몸과 마음의 성장을 돕습니다. 의자를 통해 할 수 있

| 베르너 팬톤의 팬톤 의자, 1967

산업사회의 신소재인 플라스틱을 성형해 만든 최초의 일체형 의자. 시대를 뛰어넘는 혁신적인 디자인으로 휴식뿐만 아니라 상상의 도구가 되어주기도 하는 의자의 가치를 보여준다.

는 많은 것들을 상상해보세요. 밥을 먹고, 글을 쓰고, 아름다운 영화를 보고, 친구와 대화를 나누고, 사색합니다. 태어난 순간부터 생을 마감하는 그날까지 말입니다.

평범하기에
더욱 비범한

런던 동부의 킹스랜드Kingsland에는 '24b'라는 번지수만 있고 간판도 없는 작은 디자인 상점 하나가 있습니다. 쇼윈도가 없어 어떤 물건을 판매하는지 알 수도 없고, 검정색의 높다란 문은 벽처럼 보여 관심을 기울이지 않는다면 그냥 지나치기 쉽습니다. 초인종을 누르고 흰 벽을 따라 안으로 들어가면 어두운 오렌지색의 벽돌 그대로를 드러낸 작은 집이 하나 보이는데요. 은회색 빛 철골고로 둘러싸인 유리문 입구로 또 하나의 작은 공간이 보입니다. 그제야 상점 안의 물건들이 보입니다. 2008년에 개장한 이곳을 다녀간 후로 10년이 지나 우연하게 다시 찾은 적이 있습니다. 판매하는 상품의 종류가 조금 늘었을지는 몰라도 제 눈에는 그 당시의 물건들과 다를 바 없었고, 상점의 디스플레이도 예전 그대로였습니다. 훌쩍 큰 나무와 조금 낡아진 벽이 세월의 흔적을 말해줄 뿐, 10년의 시간을 어제처럼 압축해놓은 듯 여전했습니다.

세계적인 디자이너 제스퍼 모리슨Jasper Morrison이 자신의 디자인 스튜디오와 함께 운영하는 이 상점의 이름은 제스퍼 모리슨 숍입니다. 상점에는 냄비 받침, 플라스틱 바구니, 와인 잔, 빨래집게, 끌, 나무 주걱 등 어느 가정에서나 흔히 사용하는 물건들이 디자이너의 생각의 결을 따라 진열되어 있습니다. 집 안 구석구석에 박혀 있을 것 같은 물건들이 유명 디자인 상점의 선반 위에 진열되어 그런지 늘 보아왔던 익숙한 물건인데도 새롭다 못해 낯설기까지 합니다. 여기에서는 제스퍼 모리슨이 디자인한 조명이나 의자와 유리잔 등을 포함해 오랜 세월 일상에서 사용해온 '익명의 디자인 사물'들을 함께 구입할 수 있습니다.

모리슨은 일상에서 늘 봐왔던 사물들로부터 아이디어를 얻는다고 합니다. 예를 들어 그가 디자인한 와인 잔은 파리의 골동품 가게에서 발견한 앤티크 와인 잔의 형태에서 출발했다고 해요. 그는 무인양품MUJI의 제품 디자이너로도 유명한 후카사와 나오토Hukasawa Naoto와 함께 2006년에 '슈퍼노멀supernormal'이라는 전시를 개최한 적이 있는데요.

누가 디자인했는지 언제부터 사용했는지 알 수는 없지만, 오랫동안 우리 곁에 머물렀던 '평범한 일상 사물'과 유명 디자이너의 혁신성이 돋보이는 '특별한 일상 사물' 간의 구별을 없애고 그들의 관점에서 사물을 유형별로 분류했을 때 가장 대표되는 사물들을 모았습니다. 여기에는 비알레티Bialetti 에스프레소 메이커와 같은 이탈리아 디자인의 대표적인 아이콘도 있고요. 유리잔처럼 평범한 일상 사물들도 있습니다. 일상의 익명성이라는 평범함과 디자인 브랜드의 정체성이라는 특별함이 대비를 이루어 비범한 조합으로 구성된 이 전시에서는 오히려 익숙하기에 우리가 무심하게 여겼던 이름 모를 사물들이 새로운 가치로 다가오는 것을 경험하게 됩니다. 제스퍼 모리슨 숍은 슈퍼노멀 전시의 기획 의도를 반영한 실천적 공간이자 그의 디자인 철학의 완결판이라고 할 수 있습니다.

정체가 불분명한 디자인 사물들은 잡초처럼 번식력이 강하여 소비자의 취향을 대량으로 섭취하고 낭비라는 '병충해'까지 번식시킵니다. 삶에 이로운 디자인의 성장과 확산을 방해할 수도 있습니다. 하지만 수많은 작자미상의 디자인 사물 중에서 쓰임새와 효용이 어느 누군가에게 입증만 된다면 그때부터는 여느 유명 디자인 이상으로 가치를 인정받을 수도 있습니다. 이 디자인들은 지역과 국가를 넘어서고 세대를 아우르는 초월적 디자인이니까요. 제스퍼 모리슨

좋은 디자인은 내일을 바꾼다

이 의도한 것은 그런 것이 아닐까요?

　좋은 디자인은 좋은 삶을 만든다고 하지요. 좋은 디자인은 어떤 것일까요? 그가 쓴 《좋은 삶The Good Life》이라는 책에는 유명 디자이너의 멋진 디자인과는 거리가 먼 사사로운 물건들이 담겨 있습니다. 길가의 부서진 화분이나 손 글씨로 쓴 목재상의 나무 간판, 어느 도시 작은 상점의 독특한 진열대, 주변의 재활용 물품들을 모아 궁여지책으로 쌓아 올린 서랍장들이 그것입니다. 이 사진들 속에는 일상의 문제들을 쉽고 간단하게 풀어가는 사람들의 작은 지혜가 담겨 있습니다. 사진 한 장 한 장은 다 짜 맞춘 퍼즐 한 판과도 같습니다. 퍼즐 조각 하나는 아무런 의미를 가질 수 없지만, 또 다른 조각과 연결하면 삶의 풍경을 만드는 하나의 이야기가 됩니다.

　일상의 풍경을 만드는 퍼즐 한 조각 같은 디자인 사물들은 세상에 넘쳐납니다. 그 수많은 조각들 중에서 지금 내 인생의 조각들과 연결할 조각들은 어떤 것들일까요? 우리는 수도 없이 많은 사물들을 선택하고 연결하며 삶의 의미를 만들어갑니다. 제스퍼 모리슨의 책 속 사진처럼 말입니다.

　런던 킹스로드 24b번지의 상점은 언제부터 사용하기 시작했는지 알 수도 없는 평범한 사물들이 우리 인생에 얼마나 많은 사용법들을 남겨왔는지 말해줍니다. 그리고 우리에게 되묻습니다. 역사 속에서 인간의 노력을 통해 만들어온 그 형태들을 무시한다면 과연 우리가 있을 곳은 어디냐고 말입니다.

좋은 디자인은 내일을 바꾼다

도시 환경을 위한
새로운 제안

서울 외곽의 뉴타운 지역을 걷다 보면 아직 공사 전인 집터들이 듬성듬성 있어 의도치 않게 녹지가 조성된 것을 보곤 합니다. 주인의 허락을 받았는지는 모르겠지만 파와 상추 같은 채소들을 가꾸는 밭으로 사용하는 경우도 있고요. 어느 집의 정원에서 날아든 식물의 포자가 내려앉은 것인지, 아니면 누군가 몰래 심어놓고 간 것인지 알 수 없을 정도로 예쁜 꽃밭이 조성되기도 하지요. 땅의 주인은 어떨지 모르나 당분간은 이 동네 주민들에겐 신선한 공기와 초록빛 가득한 공유지가 되어줄 것 같습니다. 공사 현장에 날 것 그대로를 드러낸 건축 자재들과 무성하게 자란 풀들이 사용자의 디자인 의도대로 덮이고, 깎일 날이 오기 전까지 말입니다.

우연처럼 찾아온 즐거움과는 반대로 방치된 땅이나 공터들은 도시 환경을 위협하기도 합니다. 지저분한 쓰레기가 쌓이기도 하고요. 사람의 손이 닿지 않는 어두운 공터는 두려움의 대상이 되기도 합니다. 1973년의 일입니다. 미국 뉴욕에서 화가로 활동하고 있는 리즈 크리스티Liz Christy는 친구들과 모여 쓰레기로 넘쳐나던 뉴욕 휴스턴 지구의 한 공터를 밤사이 꽃밭으로 만들었습니다. 그러고는 '그린 게릴라'라는 말을 남겼지요. 이 꽃밭을 본 뉴욕의 시민들은 기뻐했지만, 땅 주인은 오히려 리즈와 친구들을 불법 침입으로 고발했다고 해요. 작은 전쟁을 시작한 리즈도 가만히 있지 않았습니다. 그들은 땅 주인에게 '제 아무리 개인 소유의 땅이라고 해도 시민들에게 불쾌감을 준다면 그 땅을 소유할 자격이 없다'며 역소송을 걸었습니다. 결과는 어떻게 되었을까요? 결국 뉴욕시가 그 공터를 사들였고 공원을 만드는 것으로 소송은 마무리 되었습니다. 이 사건을 뉴욕 타임즈가 중점적으로 다루면서 세상에 알려졌고요. 게릴라 가드닝 Guerrilla Gardening이 전 세계로 확산되는 계기를 만들었습니다.

대표적인 행사 중 하나는 매년 5월 1일, 게릴라 가드너가 이웃에게 해바라기를 심어주는 행사입니다. 게릴라 가드너인 리처드 레이놀즈Richard Reynolds가 벨기에의 브뤼셀에서 매년 추진하고 있는 이

좋은 디자인은 내일을 바꾼다

행사의 소개 사이트 GuerrillaGardening.org에서는 참여자들의 활동을 볼 수 있고, 새로운 참여자를 위해 해바라기 씨를 무상으로 제공합니다. 아무도 돌보지 않는 땅에 꽃과 식물을 심어 작은 정원을 만들겠다고 시작한 이 꽃들의 전쟁은 '땅에 대한 올바른 사용'을 촉구합니다. 이제는 한 개인의 행동이 아니라 전 세계의 시민 활동으로 확산되고 있습니다. 도시화의 진전과 함께 녹지의 조성이 공해와 기후 변화에 대응하는 해결 방법으로 다뤄지면서 이러한 활동들은 더욱 활발해지고 있는 추세입니다.

그럼에도 불구하고, 전문 원예가들은 허가받지 않는 땅에 식물을 심는 행위는 불법이라는 점을 잊어서는 안 된다고 귀띔합니다. 과도한 침범이 안 되는 것은 물론이고, 식물의 종류에 따라서는 기존 생태계에 혼란을 줄 수도 있으므로 그 지역에서 많이 볼 수 있는 식물들을 먼저 파악해야 한다고 조언합니다.

전 세계 인구의 절반 이상이 대도시에 살고 있습니다. 21세기가 끝날 때 즈음에는 전 세계 대부분의 인구가 도시에 거주할 것이라는 전망도 나옵니다. 미래 학자들은 인구의 도시 집중 현상은 인류가 경험하게 될 가장 중요한 변화 중 하나라고 말합니다. 도시화는 사람들이 노동과 소비를 하며 사회적으로 살아가는 환경에 영향을 줍니다. 도시의 인구 밀도가 증가하게 되면 당장 폐기물 처리와 공해 문제가 발생하고요. 그에 따른 기후 변화가 연속해서 발생합니다. 도시화가 진행되면서 농사를 지을 논과 밭도 줄어드니 식량난도 예상됩니다. 세계보건기구WHO는 지난 2018년에 전 세계 108개국 4,300개의 도시와 마을들을 대상으로 오염 물질을 측정한 결과를 발표했는데요. 매해 전 세계 700만 명 이상이 공기 오염으로 사망하는 것으로 추정합니다. 전 세계 사망자 9명 중 1명에 해당하는 숫자입니다.

최근 미세먼지의 영향으로 공기 정화 식물을 가꾸는 사람들이 늘고 있다는 기사를 접한 적이 있는데요. 양재동의 꽃시장에 가면 커다란 글씨로 공기정화 식물이라고 써놓은 광고판을 종종 보게 됩니다. 스마트 환경에서 생활은 더없이 편리해지고 있지만, 사람들의 발걸음은 초록빛이 가득한 원초적 땅을 그리워합니다. 삶의 균형을 찾으려는 것이겠지요. 도시 면적이 늘어날수록 도시 환경의 올바른 사용을 촉구하는 움직임이 늘고 있습니다. 디자인 역시 도시 환경을 위한 새로운 대안을 제시할 수 있는 기회를 찾습니다. 가드닝과 관련된 다양한 상품들도 등장하고 있고요. 간단하게 식물을 배치해 실내 디자인을 돋보이게 하면서도 주위 환경을 개선할 수 있는 방법들도 제안합니다.

영국의 대학과 지역 커뮤니티, 기술연구소 그리고 기업의 후원으로 공동 개발한 메타볼리시티MetaboliCity와 같은 도시형 텃밭 가꾸기 프로젝트는 무척 인상적이었습니다. 이 프로젝트를 통해 개발된 바이오루프BioLoops는 가늘지만 탄력 있는 긴 줄인데요. 흙이 부족하고 아파트가 많은 수직형 도심처럼 척박한 환경에서도 식물의 신진대사를 촉진시켜서 재배가 가능하게 하는 하이테크 섬유입니다. 이 섬유는 마치 대나무 바구니를 짜듯이 여러 가지 유기적인 형태를 만들 수 있기 때문에 고층 빌딩의 벽면이나 사무실의 창문, 좁은 땅에도 설치가 가능합니다. 자유자재로 엮을 수 있는 이 줄은 식물이 휘감으며 올라갈 수 있는 지지대 역할을 하는데요. 루프를 꼬면 그것을 타고 식물들이 성장할 수 있습니다. 어떻게 엮느냐에 따라서 훌륭한 조형물의 역할도 하지요. 제가 가장 흥미로웠던 건, 이 줄을 엮는 과정이었습니다. 줄을 엮는 방법을 서로 가르치고 배우기 위해 디자이너와 개발자들이 진행자로 참여하는데요. 지역 시민들과 환경에 대해 자연스럽게 이야기를 나누며 서로 이해하는 자리가 되었습니다.

환경에 대한 관심은 하루아침에 이루어지지 않습니다. 더욱이 책임감이나 의무감으로 시작하면 그다지 즐겁지도 않습니다. 심리학자인 엘리자베스 던Elizabeth Dunn은 도움의 손길을 행할 때 의무감에서 벗어나 함께 즐길 줄 알아야 행복지수가 올라간다고 말합니다.

자발적 행위가 중요하다는 뜻이겠지요. 재미있어서 시작했지만, 하다 보니 주변 환경에 관심도 갖게 되고 개선의 의지도 자연스럽게 생길 수 있습니다. 도시가 당면한 문제들을 놀이의 방식으로 풀어낸 메타볼리시티와 같은 즐거운 실천들처럼 말이지요.

생각해보면, 재미있게 실천할 수 있는 소소한 환경 운동이 우리 주변에는 참 많습니다. 사용하던 종이컵을 내려놓고 취향에 맞는 머그컵을 사용해보거나, 휴지통을 감춰야 하는 물건이 아니라 하나의 인테리어 소품처럼 위치나 색상, 모양을 바꿔보려는 시도. 필기구를 담아둘 수납함을 직접 만들어보는 일 등. 쉽고 간단하게 해볼 수 있는 방법은 많습니다. 주변을 둘러보세요. 무엇이 보이나요? 그리고 우리의 행동에 변화를 줄 수 있는 디자인의 방법을 찾아보세요.

좋은 디자인은 내일을 바꾼다

디자인은 눈에
보이지 않는다

마르셀 뒤샹Marcel Duchamp은 프랑스에서 크리스마스를 보내고 뉴욕
으로 돌아가는 길에 약국에 들러 생리식염수가 담긴 유리병 하나를
샀습니다. 유리병을 비우고는 생리식염수 대신 파리의 공기를 담았
습니다. 자신의 막역한 친구이자 후견인에게 크리스마스 선물로 주
려던 것이었습니다. 이 작품의 제목은 〈파리의 공기 50cc50cc of Paris
Air〉입니다. 일상의 사물들을 예술의 지위로 끌어올린 예술가의 명
성만큼이나 엉뚱 발랄한 선물이 아닐 수 없습니다. 만일 파리에 한
번도 가본 적 없는 누군가가 이런 선물을 받았다면 어떤 상상을 할
까요?

100년쯤 지나 체코 프라하의 사진작가인 키릴 루덴코Kirill Rudenko도 파리에서 '수집'한 공기를 캔Original Canned Air From Paris에 담아 판매를 했는데요. 이 캔에는 루브르 박물관과 에펠탑, 노트르담 대성당, 오르세이 미술관, 샹제리제 거리 등 명소들의 공기가 담겨 있었습니다. 파리의 공기처럼 우리가 사는 도시는 오래된 공간과 사물들이 어우러져 그 지역만의 특별한 공기를 조성합니다. 그 특별한 공기는 평소에는 거의 느껴지지 않지요. 도시에서 생활하는 시민들이라면 더더욱 그러할 테고요. 공기가 탁해지거나 각종 먼지들이 휘감을 때라야 비로소 눈에 띕니다. 850년 넘게 파리를 지켜온 노트르담 대성당의 첨탑이 화재로 소실된 후 비로소 그 역사적 가치를 다시 되새기게 되는 것처럼 말입니다. 사람들은 프랑스 대혁명의 증거이자 독일로부터 해방된 파리의 역사이며, 파리의 낭만을 고스란히 간직한 노트르담 대성당의 화재에 안타까움을 토로했습니다.

한편으로는 앞으로 새롭게 써나갈 노트르담 대성당의 미래에 대한 기대감에 도취되는 것처럼 보이기도 합니다. 프랑스의 대문호 빅토르 위고의 소설 한 편이 노트르담 대성당을 살려냈던 기적처럼 말입니다. 1831년 빅토르 위고는 아름다운 문장으로 노트르담 대성당을 복원하고 역사 속에 남게 했습니다. 그가 묘사한 고딕 성당의 아름다움은 프랑스 대혁명으로 인해 훼손된 성당의 재건을 위한 모금의 행렬로 이어졌습니다. 《파리의 노트르담》이라는 소설을 통해 500년 역사를 지닌 건축물의 시간이 지속될 수 있었던 겁니다.

그때처럼 오늘날의 사람들도 노트르담 대성당의 복원을 '역사적 책무'로 받아들입니다. 지금 시대의 발전된 복원 기술과의 결합을 통해서 말입니다. 복원 프로젝트에 모인 1조 원이라는 모금액도 놀랍지만, 더욱 놀라운 건 역사가들은 물론이고 세계 유수의 건축가와 디자이너가 공개한 청사진들입니다. '복구는 원본을 복사하는 것이 아니라 새로운 시대의 문화를 담는 것'이라는 가치를 보여주기 때문입니다. 소실된 첨탑과 지붕을 대신할 새로운 첨탑과 지붕엔 신소재를 사용하여 현대식으로 새롭게 재건하겠다는 포부도 보이고요. 아예 유리 천장으로 만들고 전망대까지 추가한 모양새도 눈에 띕니다. 루브르 박물관의 유리 피라미드처럼 말이지요.

다른 한편으로는 문화유산은 원형 그대로 복원해야 한다는 의견도 있습니다. 어느 쪽이든 프랑스인들의 문화적 자부심과 세계인들의 노트르담 대성당을 향한 문화적 동질감이 부럽기는 마찬가지입니다.

또 한 가지 놀라운 점은 성당 복구와 복원을 위한 다양한 해결책들이었는데요. 화마로 무너진 부분을 복원하기 위해서는 상세한 건축물의 설계도와 고증 자료들이 충분히 갖춰져야 합니다. 특히 성당의 모습을 보충 설명할 각종 자료들로 거론된 최신 기기와 기술들이 흥미롭습니다. 건축가이자 미술사학자인 앤드루 탤론Andrew Tallon이 개발한 성당의 3D 모델링과 유비소프트 몬트리올이 제작한 인터넷 게임 〈어쌔신 크리드: 유니티Assassin's Creed: Unity〉의 배경이 된 성당의 모델링이 나란히 유용한 자료로 평가 대상에 올랐고요. 거기에 드론으로 촬영하여 취득한 자료 또한 뒷받침되어 마치 국경과 장르를 초월한 초국적 융합 프로젝트로 거듭난 모양새였으니까요.

노트르담 대성당의 화재는 모두에게 크나큰 상실감을 주었지만, 그런 위기와 절망의 순간들이 오히려 문화의 부활이라는 가능성을 꿈꾸게 했습니다. 디자인 평론가 최범은 오랜 시간 일상을 조형해온 디자인에는 르네상스적인 의미, 그러니까 '문화적 부활과 재생'이라는 뜻이 담겨 있다고 말합니다. 디자인은 우리가 살아가는 세상에 언제나 존재하면서 세상이 잘 굴러가도록 기름칠도 하고, 청소도 하고, 고치기도 하면서 살아 숨 쉬게 합니다. 그런 측면에서 디자인은 공기와 같다고 합니다. 공기처럼 평소에는 눈에 잘 띄지 않다가 작동이 안 되거나, 어디가 흠집이 났다든지 해야 비로소 눈에 보이는 것이기 때문입니다. 노트르담 대성당처럼 말입니다.

브루스 마우Bruce Mau가 "디자인은 그것이 실패하기 전까지는 우리 눈에 보이지 않는다"고 말한 것 역시 그런 의미해서인데요. 우리 삶이 지속되는 한 소리 없이 조용히 제 할 일을 하며 일상을 움직이지만, 우리의 실패를 인식하게도 한다는 뜻입니다. 위기와 기회의 순간이 공존하기에, 디자인은 끊임없이 우리가 생에 도전하게 하여 삶의 의지를 불태우는 데 필요한 공기가 되어줍니다.

2장

디자인이
밝혀온 세상

모두의 위한 색
팬톤 컬러매칭시스템

많은 예술가와 디자이너들의 오랜 탐구 영역이기도 한 색은 세상과 소통하는 언어와 같습니다. 한 예로 인상주의 화가 빈센트 반 고흐가 해바라기와 밤하늘의 별들을 묘사할 때 즐겨 쓰던 노란색은 그림에 대한 그의 열정과 불안을 상징하는 색으로 잘 알려졌습니다. 덴마크의 가구 디자이너 베르너 팬톤Verner Panton 역시 색은 의미와 기능을 가지고 있기에 디자인할 때 의식적으로 결정해야 하는 요소라고 말합니다. 그런 의미에서 '색은 형태보다 중요하다'고 이야기합니다.

색은 개인 또는 기업의 브랜드 정체성을 대변하거나 한 도시의

좋은 디자인은 내일을 바꾼다

독특한 문화를 상징하기도 하는데요. 색을 통한 심리적 자극이 큰 만큼 장소에 활기와 희망을 심어주는 지렛대로 활용되기도 합니다. 비주얼 아티스트인 아만다 윌리엄즈Amanda Williams는 자신이 연구한 색채 이론을 토대로 마을 재생 프로젝트를 진행하고 있습니다.

흑인인 아만다는 인종차별이 심한 미국 시카고에서 자라면서 색과 인종은 절대로 분리될 수 없다는 생각을 하게 되었다고 해요. 그녀는 세상에는 수많은 색이 존재하지만, 특정 사회의 문화적 환경에 의해서 형성된 색채의 의미는 하나의 상징이 되어 크게 바뀔 수 없다고 말합니다. 이를테면 콜라의 상징인 빨간색이 코카콜라라는 하나의 브랜드 이미지 때문이라는 걸 떠올리면 그다지 무리한 주장도 아닙니다. 아만다는 이러한 색의 상징적, 주관적 의미들을 역으로 이용하여 시카고의 한 위험 지역의 분위기를 밝게 바꿔놓는 실험을 했습니다. 시카고 사람들이라면 다 알 만한 제품에서 연상되는 색을 추출하고 그 색으로 빈집들을 칠하기 시작했는데요. 주로 그 지역 사람들이 즐겨 사용하는 샴푸 용기의 핑크색Pink Oil Moisturizer이나 헤어 컨디셔너 용기의 청록색Ultra Sheen 등이 사용되었습니다. 그지역 사람들이 공통적으로 좋아하는 색이면서 좋은 기억을 떠올리게 하고, 상쾌함과 안정감마저 느끼게 하기 때문입니다.

고흐의 노란색이나 아만다가 선택한 샴푸의 핑크색처럼 색은 개인 또는 공동체의 감정을 표현하는 매개체가 되어왔습니다. 그러다 보니 사람들의 감정이 풍부해질수록 색채 또한 점차 다채로워졌어요. 우리가 사용하는 색채의 언어 중에서 '파란색'이 없다고 가정해 봅시다. 실제로 파란색이라는 단어는 중세 이후에나 생겨났는데요. 파란색이 없다면 하늘의 풍부한 색을 어떻게 표현할 수 있었을지 상상하기도 어렵습니다. 하늘이 어떤 색인지 표현할 수 없다면 얼마나 답답할까요?

독일의 위대한 문학가 괴테는 1810년에 《색채론》을 완성하는데요. 그는 많은 사람들이 색에서 기쁨을 느끼고, 다채로운 색들이 치유력을 지닌다는 사실을 발견합니다. 색채는 시각뿐만 아니라 시각을 매개로 감정에도 영향을 주기 때문에 어떤 색은 우리에게 특별한 정서를 불러일으킨다고 합니다. 어떤 색과 함께 놓이느냐 혹은 아침과 낮의 빛에 따라서 같은 색도 참 다르게 보이지요. 그때마다 사람들이 느끼는 감정도 다르니까요. 파란색도 마찬가지입니다. 파란색에는 푸르스름한, 시퍼런, 푸르른 등 말하는 이의 감정을 담은 형용사들이 따라 붙습니다.

다만, 색이 개인의 의사를 '표현'하는 데는 좋을지 몰라도 '의사소통'에는 한계가 있습니다. 그래서 등장한 것이 색표color chip입니다. 색표는 색의 사용을 돕는 가이드라고 할 수 있어요. 최초로 알려

좋은 디자인은 내일을 바꾼다

진 색표는 17세기 유럽 미술계에 커다란 발자취를 남긴 네덜란드에서 발견되었는데요. 1692년에 네덜란드의 예술가 보거트A. Boogert가 학생들을 가르칠 목적으로 색채 가이드북Color Problem: A practical manual for the lay student of color을 만들었다고 합니다. 색이 물과 혼합되었을 때 어떻게 변화되는지 설명하는 책입니다.

오늘날 전 세계에서 가장 많은 색표를 보유하고 있는 회사는 팬톤Pantone입니다. 팬톤의 색은 열 가지의 기본 색소로 약 500가지의 다채로운 색을 손쉽게 조색할 수 있습니다. 1963년 로렌스 허버트Lawrence Herbert가 창립한 팬톤은 수많은 색에 이름과 번호를 달아 식별이 가능하게 했습니다. 보는 사람마다 색상의 스펙트럼이 다르기 때문에 같은 색을 두고도 서로 부르는 이름이 달랐습니다. 이 때문에 의사소통에 한계가 생기기도 하고요. 허버트는 이와 같은 문제점을 개선하기 위해서 개별적인 색들을 표준화한 12개의 기본 색을 만들고, 인쇄용 잉크 색을 10개 단위로 단순화해서 각각의 색에 특정 기호와 번호를 부여했습니다. 이것이 팬톤 매칭 시스템PMS, Pantone matching system의 출발입니다.

산업사회의 대량생산 체제에 적합한 컬러 시스템이었던 거죠. 보다 쉽게 설명하자면, 개개인에게 이름이 있어 이름을 들으면 누구나 그 사람을 떠올리는 것처럼 색채에도 이름을 붙여주어 전 세계 누구와도 같은 언어로 소통하게 하는 거예요. 그렇게 되면 설령 면

거리에 있는 제조업자라 해도 디자이너가 원하는 색에 대해 의사소통하는 데 전혀 문제가 되지 않는 거죠.

예를 들어 디자이너가 빅토리아 블루victoria blue라는 색을 제품에 적용하기로 했다고 가정해보죠. 그런데 사람마다 서로 생각하는 색이 다를 수 있겠죠? 또는 인쇄되는 종이나 장비 때문에 원하는 색이 나오지 않는 경우도 생기고요. 하지만 'Pantone 18-4148 victoria blue'를 지정하면 누구나 사용하는 팬톤 가이드에 따라 색을 만들기 때문에 설령 먼 거리의 디자이너라 할지라도 정확한 색의 결과물을 받아볼 수 있는 거예요. 게다가 많은 양을 생산하거나 생산방식 혹은 제작자가 바뀌어도 팬톤 번호만 알고 있다면 같은 색으로 생산이 가능합니다.

팬톤의 컬러매칭시스템은 산업사회의 대량생산 체제에 적합한 컬러 시스템이었던 거죠. 현재는 시각예술 분야뿐만 아니라 디지털 기술 기반의 환경에서부터 디자인, 패션 등에 이르기까지 산업 전반에 표준 가이드로 제공되고 있어요. 우리가 사용하는 많은 제품들도 대부분 팬톤의 컬러매칭시스템에 의해서 생산된 것들입니다. 디자인 교육자 존 마에다John Maeda는 "예술은 질문을 내놓지만, 디자인은 해결책을 내놓는다"고 했습니다. 팬톤은 제작 환경에 따라 달라질 수 있는 색채를 동일한 품질로 유지할 수 있는 색채의 표준 시스템을 제공해 생산자들의 환경을 개선했습니다. 이를 통해 누구나 어떤 색으로든 자신의 감정이나 아이디어를 자유롭게 표현하고 소통할 수 있게 되었습니다.

삶을 가꾸는
디자인의 힘

유학생이라는 이름으로 난생처음 낯선 땅에서 몇 해를 살았던 적이 있습니다. 그 당시 유학생들 사이에서는 이케아IKEA에서 살림 장만하기가 유행이었는데요. 새로 사귄 친구들과 젓가락 빼고는 뭐든 다 있다던 그곳으로 몰려가 머그컵이며 빨래 건조대, 작은 스툴 등 세간을 장만해 빈 공간을 채웠던 기억이 있습니다. 사람의 손을 타 그새 온기가 생긴 서로의 작은 공간을 구경하며 학업에 대한 계획도 세워보고요. 앞으로 살아갈 도시에 대한 기대와 불안 속에서 여전히 적응하느라 애쓰는 마음들을 이케아에서 사온 작고 튼튼한 머그컵을 사이에 두고 위로했습니다.

이케아의 제품들은 생활비가 넉넉하지 않은 유학생들의 초라한 방을 나름 살 만하게 채우기에 알맞았습니다. 정가를 낮추는 데 가장 크게 일조한 것은 조립형으로 설계한 반제품이었습니다. 생산자가 제작에 들어가는 비용의 반을 부담하고, 나머지 반은 소비자가 부담하도록 하는 방식입니다. 먼 거리까지 가서 물건을 사고 직접 조립까지 해야 하기 때문에 품은 들지만, 좋은 가구를 사고 싶어도 비용 때문에 부담을 느꼈던 소비자들에게는 좋은 제안이 아닐 수 없습니다.

이렇게 되면 생산자 입장에서는 반제품으로 운송하기 때문에 부피가 줄고, 효율적으로 적재할 수 있어 물류 비용도 절감할 수 있으니 가격을 더 낮출 수 있습니다. 사용자 입장에서는 조립하는 데 상당한 시간과 노력이 요구되기는 해도 그만큼 자신이 공들여 만든 가구에 대한 성취감과 보람을 느끼기 때문에 애착도 생기고요. 게다가 가격도 저렴하니 더할 나위 없이 좋을 수밖에요.

이케아의 조립식 가구는 낯선 땅에서 새로운 삶에 적응해야 하는 외지인이나 적은 돈으로 신혼집을 꾸미거나 창업을 준비하는 사람들이 꿈을 키우는 데 원동력이 되곤 합니다. 런던 디자인 뮤지엄의 데얀 수딕Deyan Sudjic 관장이 말한 것처럼 이케아 제품의 진짜 강점은 "실제가 아닌 것을 추구하기보다는 현실 세계에 소속감을 주는 총명한 디자인"에 있다고 볼 수 있습니다. 개인의 적극적인 참여와 노력을 아끼지 않는다면 얼마든지 이케아가 제공하는 합리적인 가격의 좋은 제품을 누릴 수 있으니까요. 그게 누구라도 말입니다. 이케아가 사람들에게 물질적인 도움뿐만 아니라 소속감까지 심어줄 수 있는 건, 사용자가 자신이 처한 상황을 스스로 해결하는 데 보탬이 되기 때문인데요. 이케아의 디자인 전략은 디자인을 통해 모두가 행복할 수 있는 사회를 꿈꿨던 엔조 마리Enzo Mari의 이상 세계와도 일맥상통합니다.

엔조 마리는 일상생활에서 필요한 의자와 책상 등 열아홉 가지의 기본 가구들을 누구나 직접 만들어 쓸 수 있도록 쉬운 설계 도면과 제작설명서를 개발하여 무상으로 제공했습니다. 주변에서 흔하게 구할 수 있는 나무판자나 각목 등 재료와 공구만 있다면 누구나 도면을 보면서 쉽게 따라 할 수 있도록 설계했기 때문에 손재주가 없어도 얼마든지 만들 수 있었습니다. 1974년에 기획한 이 프로젝트는 '자급자족'이라는 뜻을 지닌 '아우토프로제타지오네 Autoprogettazione'입니다. 이제 고령이 된 그는 오래전 기획했던 이 프로젝트를 회상하며 "디자인을 이해하기 위해 모든 사람들에게 나눠준 선물 같은 것"이라고 말했습니다. 산타클로스와 같은 선한 모습으로요. 디자인을 이해하는 데 있어서 더없이 좋은 방법은 백 마디 말보다 한 번의 행동을 이끄는 것입니다. 일상에서 필요한 것들을 직접 만들어보고 사용하다 보면 디자인이 무엇인지 알게 될 테

좋은 디자인은 내일을 바꾼다

니까요.

디자인은 사람들이 스스로 삶을 꾸려가는 데 힘을 보탭니다. 마리의 자급자족 프로젝트가 당시에는 대중에게 큰 관심을 얻지는 못했다 해도 50년이 지난 지금까지도 누군가의 삶에 작은 희망이 되어주는 것처럼 말입니다. 그의 프로젝트가 다시 조명받기 시작한 건 세상에 다시 위기의 순간이 찾아왔을 때였습니다. 공예와 디자인을 통해 난민들을 교육하고 지원하는 디자인 단체 쿠쿨라CUCULA는 유럽의 디자이너들이 모여 난민의 삶을 개선할 수 있는 공예와 디자인 사업을 진행하고 있습니다. 쿠쿨라의 디자이너들은 독일로 넘어온 난민들을 대상으로 자급자족 프로젝트를 활용하여 가구 제작을 교육합니다. 난민들은 설령 독일 내에 거주할 수 있는 허가를 받았다고 해도 실제로는 취업조차 쉽지 않기 때문에 자립이 어려운 상황이라고 하지요. 엔조 마리는 지역 내 난민 문제의 심각한 상황을 알리고자 제작 판권을 쿠쿨라에 넘겨줬다고 합니다. 쿠쿨라는 난민들에게 가구 제작 기술을 가르쳐주고 난민들이 가구 디자이너이자 생산자로서 수익도 창출하고 자립도 할 수 있는 기회를 제공하여 유럽 사회에 적응할 수 있도록 돕고 있습니다. 가구를 제작해 판매한 수익은 난민들의 몫으로 돌아갑니다. 특히 난민 디자이너들이 탈출할 당시 타고 왔던 배의 나무 조각들을 수거해 만든 가구와 소품들은 베를린을 비롯한 유럽 전역에서 많은 관심을 얻었습니다.

엔조 마리는 디자인의 가장 중요한 역할은 디자인 과정을 통해 사회가 진정 원하는 것을 발견하게 하는 것이라고 말합니다. 이케아의 조립식 가구나 엔조 마리의 자급자족 디자인이 사람들 스스로 자립의 방법을 찾아가도록 도와주는 디딤돌이 되듯이 말입니다.

모두를 위한
디자인

프랑스의 디자인 철학자 스테판 비알Stephane Vial은 디자인의 본질을 이해하기 위해서는 '하나의 사물이 어떻게 디자인된 물건이 되는가를 자문해봐야 한다'고 말합니다. 어떤 사물이 일상의 경험 속에서 유용해질 때, 우리는 그것을 디자인되었다고 말합니다. 사물은 그것을 사용하는 이들의 경험 속에서 하나의 디자인된 물건으로서 오롯해집니다. 관계 맺기를 위해서 가장 먼저 고려해야 할 것은 무엇일까요?

어린 시절 들었던 〈여우와 두루미〉라는 이솝우화는 이 질문에 대한 대답에 한 발짝 다가서게 합니다. 입 모양이 서로 다른 여우와 두루

미가 상대를 배려하지 않고 자신이 먹기 편한 그릇에 음식을 내어놓죠. 결국 서로 만든 음식은 먹어보지도 못합니다. 우리에게 익숙한 이 이솝우화는 타인에 대한 배려의 마음을 일깨웁니다. 아무리 기능이 좋고 아름다운 제품을 고안한다 해도 사용자에 대한 이해와 공감을 통한 배려가 뒷받침되지 않는다면 쓰임은 창출되지 않습니다.

저는 종종 학생들이나 디자이너들에게 제품을 개발할 때 가까운 이들이 필요로 하는 것들을 떠올려보라고 말합니다. 내가 좋아하는 디자인을 타인도 좋아하는지 생각해보라는 의미에서 입니다. 자신의 취향이나 필요는 쉽게 파악해도 막상 내 가족 또는 친구들이 어떤 취향을 가졌는지, 무엇을 필요로 하는지는 잘 알지 못하니까요. 디자인은 최대한 많은 사람에게 가능한 한 최고의 서비스를 제공하기 위해 노력합니다. 하지만 그 혜택을 누리지 못하는 계층에게는 불편함과 차별로 받아들여지기도 합니다. 예를 들어 가위는 사회의 다수를 이루는 오른손잡이를 대상으로 고안된 물건입니다. 왼손잡이들에겐 불편함이 따를 수밖에 없죠. 오른손잡이에 맞춰 디자인된 세계를 향해 왼손잡이의 어려움을 알리고자 '세계 왼손잡이의 날International Lefthanders Day'이 지정되었습니다. 이 날이 다가오면 사람들은 오른손잡이 중심의 디자인 환경에 대한 불편한 심기마저 드러냅니다. 연필깎이의 돌리는 방향이나 문손잡이의 위치, 손목시계, 컴

좋은 디자인은 내일을 바꾼다

퓨터 마우스 등 우리가 매일 사용하는 시설이나 물건의 대부분은 오른손잡이에 맞춰져 있기 때문입니다. 다수의 사람을 위해 디자인하다 보면 각기 다른 조건을 가진 사람들의 요구 사항을 일일이 맞출 수 없습니다. 효율성을 고려하다 보니 결국 표준화된 디자인에 맞춰야 하는 상황이 발생하는 거예요.

그렇다면 애초에 장애를 가진 사람들이나 어린이, 노약자들처럼 사회적 약자에 맞춰 디자인하면 어떨까요? 다양한 사람들이 오고가는 공공장소의 경우, 출입문의 손잡이를 지금보다 낮춰 달면 어떤가요? 휠체어를 탄 사람이나 어린이, 노약자도 손쉽게 문을 열수 있지 않을까요? 출입구의 계단도 마찬가지입니다. 계단을 없애면 장애인이나 비장애인 구분 없이 모두가 편안하게 이동할 수 있습니다. 양손잡이 가위는 오른손을 쓰거나 왼손을 쓰는 사람 모두 사용할 수 있죠. 시중에서 판매되는 대부분의 가위는 한쪽은 엄지용으로 손잡이가 작고, 다른 한쪽은 나머지 손가락을 넣을 수 있도록 넓게 디자인되어 있습니다. 왼손잡이가 사용하기에 매우 불편한 구조입니다. 미국의 주방용품 회사 옥소OXO가 개발한 양손잡이 가위는 양쪽의 손잡이가 동일한 크기로 디자인되어 누구나 사용할 수 있습니다. 옥소는 모두가 쉽고 편리하게 사용할 수 있는 주방용품을 만들고자 합니다. 이 회사의 디자인 철학은 개인의 불편함으로부터 시작되었습니다.

설립자인 샘 파버sam farber는 나이가 들면서 손목 관절염으로 감자 껍질을 깎는 데 애를 먹는 아내를 발견하고는 쉽고 안전하게 사용할 수 있는 감자껍질 깎기를 개발했다고 합니다. 관절염을 겪는 사람들을 위해 개발되었지만 너무 편리해서 지금은 모두가 애용하는 제품이 되었습니다. 고령화로 인해 노인 인구가 늘어나는 추세이고, 스마트 환경 역시 보편화되면서 이와 같은 범용 디자인은 더욱 활기를 띠고 있습니다. 애플이 개발한 애플워치2는 간단한 설정으로 오른손과 왼손 모두 사용 가능한 양손잡이 스마트워치를 개발해 화재를 모으기도 했죠. 시계의 몸체와 줄도 따로 분리가 가능해 반대로 끼워 방향을 바꿀 수도 있습니다.

이처럼 문화적 배경이나 장애의 유무, 성별, 연령 등과 무관하게 누구나 쉽고 편리하게 사용할 수 있는 디자인 환경을 만들자는 생각에서 출발한 것을 유니버설 디자인Universal Design이라고 하는데요. '차별을 두지 않고 누구에게나'라는 뜻을 살려 영국에서는 '포괄적인 디자인Inclusive Design'이라고 부르기도 합니다. 유럽에서는 '모두를 위한 디자인Design for All'이라는 슬로건으로 유니버설 디자인을 새롭게 정의하기도 합니다. 이 개념은 혁신적인 아이디어나 상상력이 돋보이는 흥미로운 디자인보다 모든 사람이 누릴 수 있는 환경을 제공해야 한다는 생각을 우선으로 삼습니다. 디자인의 문턱을 낮추고 차이를 없애 누구나 접근이 가능해야 한다는 것입니다. 타인을 배려하

| 유니버설 디자인
누구나 쉽고 편리하게 사용할 수 있는 디자인 환경을 만들자는 생각에서 출발한 디자인.

기 위해서는 먼저 그들이 처한 환경에 대한 고려가 선행되어야 합니다. 모두를 위한 디자인에 담긴 '쉽게, 편리하게, 차별 없이'라는 메시지에는 나와 타인과의 관계를 인식하고 서로를 배려하는 관용적 사회에 대한 절실한 요구가 담겨 있습니다. 그것은 곧 누군가가 나를 위해 행하는 배려가 될 테니까요.

세대를
연결하다

우리나라도 고령 사회로 진입했다고 합니다. 한동안 각종 언론에서는 고령 사회로의 진입 기준을 설명하며 그에 대한 대책 마련을 촉구했습니다. 65세 이상의 인구 비중이 7%가 넘으면 '고령화 사회'라고 합니다. 14%가 넘으면 '고령 사회'가 되고, 20%를 넘어서면 '초고령 사회'로 진입합니다. 고령 사회로 진입하는 데 24년 걸린 일본에 비해 한국은 불과 17년이 걸렸다고 합니다. 그만큼 우리 사회의 미래를 대비하는 마음들이 바쁩니다. 사회가 고령화되면 성장은 둔화되고 부양비나 의료비와 같은 각종 비용은 증가하게 되죠. 젊은 세대들의 부담도 커질 수밖에 없습니다.

미래학자 피터 드러커Peter Ferdinand Drucker는 시니어 세대가 자신들의 경험과 지혜를 살려 사회적 활동에 봉사한다면 새로운 경제 모델이 될 수 있다고 예견한 적이 있습니다. '새로운 어른 문화 연구소' 소장인 사카모토 쎄스오坂本節郎 또한 성장형 경제와 공유형 경제가 혼합된 새로운 경제 모델의 주역으로 시니어 세대의 경험을 경제적 자원으로 제안하는데요. 시니어 세대들이 자신들의 경험과 지혜를 살려 기술 전승이나 유·무상의 사회적 봉사 활동을 한다면, 젊은 세대들의 버팀목으로서 시니어 세대에 대한 인식을 변화시킬 수 있다고 말합니다.

유럽 선진국들 중에는 이미 고령화 사회를 대비해 시니어 세대와 젊은 세대 간의 다양한 연결 고리들을 발굴하는 사례들을 찾을 수 있는데요. 시니어 세대를 위한 디자인의 개념을 새롭게 접근한 몇몇 사례는 매우 흥미롭습니다. 스위스 디자인 어워즈Design Prize Switzerland 2011의 마켓 부분을 수상한 시니어 디자인 팩토리Senior Design Factory는 시니어를 '위한' 디자인에서 시니어와 '함께' 진행할 수 있는 시장 모델을 개발해 관심을 모았습니다. 이 프로젝트는 대학의 졸업 작품을 구상하던 2명의 디자이너가 스물일곱 곳의 양로원을 돌며 시작되었는데요. 노인들의 생활을 오랫동안 관찰한 끝에 함께할 10명의 시니어들을 만났고, 그들과 함께 만든 첫 상품인

좋은 디자인은 내일을 바꾼다

대형 양말 모양의 카펫을 졸업 작품전에 출품한 것이 계기가 되었다고 합니다.

시니어 디자인 팩토리에서 중심이 되는 것은 이름처럼 '작업장'입니다. 수공예 기술을 가진 시니어와 디자이너들이 함께 일하는 '아틀리에'에서는 상품을 제작하고 그것을 '매장'에서 판매합니다. 스위스의 가정식을 맛볼 수 있는 '식당'도 있고요. 세대 간 정보의 교류와 전수가 이루어지는 '워크숍'도 함께 운영합니다. 워크숍에서 노인들은 청년들에게 뜨개질과 전통 요리를, 청년들은 노인들에게 인터넷이나 디지털기기의 사용법을 가르쳐주면서 유대관계를 강화하기도 합니다.

여러 가지 프로젝트 중에서 가장 인상적이었던 건 노인들이 서로 다른 뜨개질 방식으로 만든 목도리였습니다. 크리스마스 시즌에 판매했던 게 큰 호응을 얻으며 세상에 알려지기 시작했다고 합니다. 네덜란드의 사회적 기업인 그레니스 파이니스트Granny's Finest도 이와 유사한데요. 인구 복지를 위한 사회적 디자인 기업인 이 브랜드는 일주일에 한 번씩 로테르담과 헤이그 등에 위치한 그레니스 파이니스트 니트 클럽Granny's Finest Knit Club에서 노인들이 모여 뜨개질도 하고 교류를 맺습니다. 그 과정에서 생산된 손 뜨게 모자와 목도리 등은 온라인과 오프라인의 매장에서 판매되고 있습니다. 이 두 사례는 모두 시니어 세대들이 생활 속에서 생산을 위해 지속해온 손기술이 청년 세대들의 디자인 사고와 협력하여 지속적인 가치를 만들어내는 것들이라 할 수 있습니다. 이처럼 시니어 세대와 젊은 세대 간의 협업은 경제적으로 유익함을 주기도 하지만, 새로운 창조의 모태가 되는 양질의 전통 기술과 공통의 인자들을 후대에 계승한다는 점에서 문화적 가치 또한 높습니다.

하지만 시니어를 대상으로 한 경제적 활동들은 노인 세대의 생산성을 발굴하는 데 긍정적인 반응을 얻는 만큼 우려도 큽니다. 몇 해 전 시니어 디자인 팩토리의 대표인 벤자민 모저Benjamin Moser가 한국을 방문한 적이 있었는데요. 그는 한국 디자이너들을 향해 "만약 시니어 디자인 팩토리 사업이 한국에서 진행된다면 한국의 노인들은 어떤 일을 할 수 있을까요? 그들의 문화는 무엇인가요?"라고 되물었다고 합니다. 시니어와 함께하는 경제 활동들이 생활 문화로 받아들여지기 위해서는 협업을 희망하는 고령자들의 문화를 먼저 생각하고, 그 문화가 시장을 형성할 지역의 성격과 잘 맞는지 살펴봐야 합니다.

이따금 도심 이곳저곳을 돌아다니다 보면 100년 이상 된 나무를 지역 주민들이 보호할 수 있도록 지정한 보호수들을 보게 됩니다. 어떤 나무들은 그 수종이 희귀하여 천연기념물로 지정된 것들도 있습니다. 비록 보호수들은 주민들의 보호를 받아야 하지만, 오랫동안 그 지역의 물 순환을 유지하고 홍수와 가뭄을 완화하며 비옥한 토질을 유지해왔습니다. 이제는 늙고 병들었지만, 여전히 통 넓은 줄기와 가지들이 도시의 그늘이 되어주고 비바람도 막아줍니다. 늙은 나무가 주는 여유로움이란 인위적으로 만든 도시의 가로수와는 분명 다르니까요. 너른 그늘을 만드는 보호수가 제 역할을 톡톡히 하며 현대식 건물들 사이에서 제법 잘 어울리는 모양새가 보기 좋았습니다.

세대 간 연결은 나와 타인 간의 '문화 격차를 어떻게 해소할 수 있는가'라는 질문에서 시작합니다. 노인 세대와 청년 세대가 서로의 쓸모를 찾고 도울 수만 있다면, 구태여 연결하려고 애쓰지 않아도 유대감은 강화될 수 있습니다. 세대를 연결하는 데 특별한 디자인적인 방법론은 없습니다. 디자인은 그저 촉매제의 역할을 할 뿐이니까요. 세대 간에 서로 존중해야 할 것과 나눌 수 있는 것이 무엇인지 함께 생각하는 것이 먼저입니다.

읽기 쉬운 도시의
조건

저는 타고난 길치입니다. 운전면허도 살인 면허이니 취득하지 말라고 할 정도였으니까요. 방향 감각도 떨어져 지하철도 반대로 타기 일쑤입니다. 그래서인지 도시에서만 생활해온 제게 가장 힘든 것 중 하나는 길 찾기입니다. 그런 제가 유난히 다른 사람들보다 잘 찾는 것이 있는데요. 바로 보행자 안내 표지판입니다. 어떤 장소를 가더라도 이동의 경로를 알려주는 이 표지판들은 누구보다도 먼저 찾습니다. 타고난 방향 감각의 장애가 만들어낸 새로운 재능이겠지요.

　이동에 도움을 주는 표지판이나 지도는 길 찾기의 가장 기초적인 수단이자, '뚜벅이들'의 길잡이가 되어주는 가장 기본적인 도구입니다. 그러다 보니 보행자를 위한 안내 표지판은 설계에 각별한 세심함이 요구됩니다. 그뿐만 아니라 보행자 안내 표지판은 친환경적인 도시 건설에 매우 중요한 수단인데요. 보행의 편의성이 제공되면 자동차나 지하철의 의존도를 낮출 수가 있고요. 교통수단의 사용량이 줄어들면 이산화탄소의 배출량도 줄어들기 때문에 도시 환경에도 이롭습니다. 꼭 그런 이유가 아니더라도, 도시의 풍경들을 찬찬히 탐색할 수 있고 더불어 다양한 관광 자원도 발굴할 수 있기 때문에 걷기 쉬운 도시는 모두를 이롭게 하는 이상적인 도시의 모습이라고 할 수 있습니다.

보행자 안내 표지판의 좋은 사례로 자주 소개되는 도시는 런던입니다. 런던 내에만 해도 1,700개가 넘는 보행자 안내 표지판이 있다고 하지요. 시스템을 개선하기 이전까지만 해도 이 표지판들의 디자인은 서른두 가지나 되었다고 합니다. 이용자들의 혼란스러움도 충분히 짐작됩니다. 정보를 제공하는 기준에 통일성이 떨어지다 보니 런던 시민은 물론이고 방문객들에게도 불편이 따랐던 거죠. 이러한 문제를 개선함과 동시에 친환경적인 도시로의 재편을 기대하며 시작된 것이 '읽기 쉬운 런던Legible London' 프로젝트 입니다. 모든 사람이 어디에서나 동일한 방식으로 제공하는 정보를 통해 행선지를 쉽게 찾을 수 있도록 디자인을 통합하였고요. 다양한 교통과 보행 정보를 쉽고, 편리하게 이용할 수 있도록 시각디자인을 개선했습니다.

이 표지판의 가장 큰 특징은 보행자가 이동하는 데 걸리는 시간을 중심으로 중요한 정보를 먼저 제공하고, 그다음으로 세부적인 정보를 획득하도록 설계했다는 것인데요. 흥미롭게도 사람들은 이동 거리보다 소요 시간을 알면 장소에 접근하는 과정을 더 쉽게 이해할 수 있다고 합니다. 그러니까 이동 경로에 앞서서 총 소요 시간을 먼저 인지하고 있어야 길 찾기가 쉽다는 거죠. '읽기 쉬운 런던' 표지판은 지도의 척도에 이동 경로나 거리보다 시간을 더 중요하게 사용합니다. 지도는 마치 내비게이션처럼 표지판을 보고 있는 보행자를 중심으로 현재 위치와 5분 거리의 주변 정보를 제공하는데요. 쉽게 설명하자면, 기존의 지도가 동서남북 방위를 중심으로 위치가 설정되었던 반면, '읽기 쉬운 런던'의 지도 체계는 현재 지점을 중심으로 방향이 표시되어 있습니다. 무조건 북쪽을 정상에 올려놓는 지도 표기의 기준을 따르기보다는 사용자가 마주하고 있는 위치와 같은 방향으로 향하게 해서 직관적으로 방향을 인지할 수 있도록 고려한 것이죠.

그리고 자신의 위치로부터 목적지까지의 소요 시간도 친절하게 표기하고 있습니다. 색상이나 픽토그램pictogram 등과 같은 그림 문자를 그래픽 요소로 적극 활용하면 정보를 더욱 쉽게 습득할 수 있고요. 기억을 지속하는 시간도 늘어난다는 오랜 연구 결과에 기대어 길 찾는 데 도움을 주는 주요 건축물이나 시설은 3차원 입체로 실감 나게 디자인하여 공간 친화력을 높였습니다. 거기에다 세부적으로는 계단이나 보행자 교차로, 시각 장애인이나 휠체어 사용 시설 등을 픽토그램으로 표기하여 이동이 제한적인 사람들에게도 중요한 정보를 더불어 제공하고 있습니다. "당신이 선 곳은 ○○○입니다. 당신이 걸어서 갈 수 있는 5분 거리 내에는 화면에서 보는 것처럼 ○○건물과 ○○거리가 있고요. 그곳에는 당신을 도와줄 몇 가지 시설물도 있습니다. 그곳까지 가면 당신은 저와 같은 표지판을 또 만날 수 있습니다." 인공지능이 말해주듯 정지된 표지판의 디자인은 통일성이 있지만, 개인 모바일 환경에서 화면을 밀고 당기며 원하는 정보를 확인하는 것처럼 모든 개인에게 최적화되어 있습니다.

이처럼 '읽기 쉬운 런던'의 보행자 안내 표지판은 지형을 중심으로 정보를 제공해온 기존의 지도 표기 방법에서 과감하게 탈피하여, 한 화면에 많은 정보를 담기보다는 보행이 용이한 근거리의 이동 경로에 초점을 맞추고 있습니다. 지하철의 한 구간처럼 다음에 만나게 되는 표지판과 연결 선상에 있기에 지도라는 인식보다는 걷기의 통로라는 인식을 심어주는 것이죠. 같은 길이라고 해도 정보를 어떻게 제공하느냐에 따라서 길 찾기는 쉬울 수도 있고, 어려울 수도 있습니다. 먼 길이라고 해도 어떤 정보를 어떻게 제공하느냐에 따라서 길을 찾아가는 행위 자체가 즐거움이 될 수도 있습니다. 즐거움은 우리의 상상력을 촉진합니다.

　런던을 비롯한 세계 대도시들의 '읽기 쉬운 도시' 계획에는 새로
운 관광자원을 개발하자는 도시 개발자들의 숨은 '꼼수'도 있을 것
이고요. 늘어나는 인구와 교통량으로 인한 환경 문제와 도시의 정체
를 해결하자는 행정가들의 전략도 담겨 있을 것입니다. 하지만 그보
다 더 큰 기대는 홀로 어디든 걸어도 좋을 도시 속에 펼쳐진 세상을
맘껏 탐색하고, 그곳에서 발견한 가치들이 모여 다시 이어갈 미래
도시의 모습입니다.

좋은 디자인은 내일을 바꾼다

디자인하지 않는
디자인

디자인하지 않고 디자인을 하는 것이 가능할까요? 라틴어의 데시그
나레designare라는 단어로부터 비롯된 디자인은 어떤 것을 지칭하는
신호나 무언가를 표시한다mark out는 의미에서 출발합니다. 이 단어
가 르네상스 시대로 넘어가면 각각 데생desseign과 디세뇨disegno라고
불리는데요. 조형물의 구도를 잡거나 밑그림을 그리는 말로 쓰였습
니다. 그리거나 설계한다는 의미가 강하게 와닿습니다. 현재 우리가
사용하는 디자인design은 산업을 적극적으로 받아들이면서 시작되
었는데요. 그리거나 설계하는 것에서 만들고 생산하는 것으로 발전
했습니다. 일상에서 어떤 것이 특색에 맞게 디자인되어야 한다거나,

이 물건은 디자인스럽다거나, 무언가가 다양하게 디자인되었다는 식의 어휘들을 자주 사용하는데요. 이런 상황들을 종합해보면, 디자인은 물건이나 서비스의 가치 그 자체, 또는 그러한 가치를 만들기 위해 계획하고 만들어가는 과정 전반에 폭넓게 사용된다고 볼 수 있습니다. 결국 디자인은 무언가를 유용하게 만든다는 의미의 '개발'과 비슷한 뜻으로 간주해도 좋을 것 같습니다.

디자인을 하지 않고 디자인을 한다는 건 이러한 디자인의 기본 개념을 뒤집는 발상입니다. 디엔디파트먼트D&DEPARTMENT는 '만들지 않으면서 만든다'는 생각에서 시작된 재활용품을 취급하는 디자인 매장입니다. 이곳은 얼마나 새롭고 창의적인 물건을 개발하는가의 문제가 아니라 어떻게 새로운 가치를 발굴하는가의 문제로 디자인에 접근합니다. 이런 생각을 하게 된 계기는 제품의 짧은 수명에 있었다고 하지요. 창업자인 나가오카 겐메이長岡賢明는 수명이 한참 남은 물건들이 중고 시장에 가득한 것을 보고는 힘들게 만든 물건들이 빠르게 폐기되는 것에 대해서 많은 회의를 느꼈다고 해요. 그런 고민은 '물건을 만들지 않는 디자인'이라는 새로운 기획으로 이어졌습니다.

나가오카 겐메이는 디자인을 생산하는 과정보다 더 중요한 것은 디자인을 소비하는 방식이라고 말합니다. 유행의 첨단을 걷는 신제품들은 언제나 신선하고 매혹적이죠. 하지만 오랜 시간이 지나도 여

좋은 디자인은 내일을 바꾼다

전히 쓸모 있는 물건들에는 새로운 맛은 없지만 사람의 손을 타 인간다운 정서가 느껴집니다. 그는 사람들이 새것과 과거의 것을 잘 조합해 쓸 줄 아는 감각을 키우는 것이야말로 디자인을 제대로 이해하는 것이라고 말합니다. 그러기 위해서는 마냥 어렵게만 느껴지는 디자인을 알기 쉽게 이해시켜주는 활동이 필요하다고 주장합니다. 그런 이해의 장으로 나가오카 겐메이가 선택한 방법은 물건을 사고파는 장소인 상점을 이용하는 것이었습니다.

계획만 잘 세운다면 상품을 판매하는 상점이야말로 디엔디파트먼트의 디자인 철학인 '롱 라이프 디자인' 즉, '없어지지 않는 디자인'을 실현할 수 있으니까요. 나가오카 겐메이는 없어지지 않는 디자인을 처음부터 만든다는 건 참으로 어려운 일이지만, 버려진 디자인을 생활용품으로 다시 부활시킬 수만 있다면 사람의 손과 손을 거쳐 지속적으로 소비가 이어질 수 있다고 말합니다. 그러기 위해서는 활기차고 세련되며 기대감을 갖게 하는 매장 분위기를 만들어야 합니다. 대부분의 사람들은 중고 물품의 구매에 대한 부정적인 시각이 있기 때문에 선택을 꺼리는 경향이 있는데요. 그런 인식을 개선하려면 고객들에게 만족감을 줄 수 있는 요소가 있어야 합니다. 이를테면 물건이 아닌 가치를 소비함으로써 만족감을 준다거나 오래된 물건에 담긴 히스토리를 통해 특별한 정서적 가치를 느낄 수 있다거나 희소성 높은 물건을 구입하는 만족감 같은 것 등을 줄 수 있어야 합니다.

　매장 안으로 들어가 보겠습니다. 매장 내에서는 유행이나 시대,
신제품, 중고품, 공예품, 산업 제품 어디에도 구애받지 않고 기능과
디자인에 충실한 생활 잡화와 가구를 전 세계에서 수집해서 판매합
니다. 물건들이 이곳까지 흘러들어온 특별한 이야기도 함께 담아서
말이죠. 2000년 도쿄에서 첫 시작으로 서울을 포함하여 전 세계 10
개 지점이 운영되고 있는데요. 다음의 다섯 가지 방법을 통해 물건
을 구성합니다.

　첫 번째는 '알기'입니다. 물건의 가치와 이야기를 고객에게 전달
하기 위해 물건의 매입 전에 그것을 만들거나 소유한 사람들의 공간
을 직접 방문하여 사물에 대한 이야기를 듣습니다. 두 번째는 '사용
하기'입니다. 고객에게 소개하기 전에 먼저 사용해보고 문제점을 파
악합니다. 개선점도 찾고요. 세 번째는 '되사기'입니다. 물건을 판매
하고 몇 년의 시간이 흐른 뒤에도 고객으로부터 되사서 팔기에 여전
히 괜찮을 물건을 선택합니다. 네 번째와 다섯 번째인 '고치기'와 '지
속하기'는 되사기의 원칙과 유사한데요. 수리해서도 사용할 수 있는
물건인지, 그리고 제작자가 있다면 꾸준히 만들 의지가 있는지를 확
인합니다. 서울 지점에서 취급하는 코리아 셀렉트 상품도 이와 같
은 노력에 의해서 발굴된 것들인데요. 국내 최초의 아피스APIS 만년

　　　　　　　　　　　　　　　좋은 디자인은 내일을 바꾼다

필과 타월 브랜드 송월의 이태리타월, 중고 소주잔 등의 공산품들과 충북 제천의 전통 빗자루와 음성의 전통 무쇠가마솥 등 오래도록 지역 생산의 명맥을 이어가는 공예품들로 글로벌 스탠더드global standard 상품과 함께 판매하고 있습니다.

디엔디파트먼트는 새로운 디자인을 '개발'하는 것에서 벗어나 좋은 디자인을 '발굴'한다는 개념에서 출발합니다. 발굴한 제품을 보여주는 방법은 만드는 방법만큼이나 중요합니다. 매장의 상품 디스플레이는 판매를 촉진하는 수단이기 때문에 소비 욕구를 지나치게 자극할 수 있다는 부정적인 측면도 있는데요. 중고 물품이나 소멸의 위기에 처한 지역 공예품의 경우에는 좋은 전략이 될 수 있습니다. 재사용을 독려하는 차원에서의 판매 촉진은 소비를 하면 할수록 물건의 수명이 길어지기 때문에 오히려 긍정적인 효과를 얻을 수 있다고 보는 것이죠. 산업시대의 디자인은 시장의 소비를 촉진하기 위해서 새롭고 혁신적인 제품 개발을 위한 다양한 방법론을 제시해 왔습니다. 하지만 이제는 디자인을 '개발'하는 것에서 진화하여 산업화의 뒤안길에서 소외되었던 문화에 주목해야 합니다. 더불어 새로운 문화와 결을 맞춰 기존의 질서를 다시 디자인하기 위해서는 디자인도 '계발'이 필요한 것 같습니다.

3장

디자인으로
소통하다

기능을 넘어
소통할 수 있다면

매일 아침 세수를 하고, 식사를 하는 것처럼 늘 반복적으로 찾아오
는 일상적인 일들에도 디자이너들은 편의를 제공하기 위해 많은 노
력을 기울입니다. 간결하고 효율적으로 정리된 디자인은 좋은 디자
인으로 인정받죠. 하지만 디자인이 추구해온 보편적인 가치들에서
의도적으로 거리를 두는 디자이너도 있습니다. 프랑스 태생의 세계
적인 산업 디자이너 필립 스탁Philippe Patrick Starck이 그중 한 사람인데
요. 그의 디자인은 자신의 행보만큼이나 독특하고 천진난만하기까
지 합니다. 어떤 디자인은 그 형태가 참으로 특이해서 관심을 갖지
않을 수 없을 정도입니다. 필립 스탁이 만들어낸 제품들은 디자인이

좋은 디자인은 내일을 바꾼다

라는 말에 담긴 사용성, 기능성, 편의성 등과 같은 개념에서 멀찌감치 벗어나 있습니다.

레몬즙을 짜는 도구인 주시 살리프Juciy Salif는 필립 스탁의 디자인 중에서도 가장 많은 논란을 불러일으켰는데요. 이탈리아 주방제품 제조회사인 알레시Alessi를 위해서 디자인한 주시 살리프가 1990년 처음 출시되었을 때 사방이 들썩였습니다. 이 도전적인 디자인 사물의 용도를 파악하기가 매우 어려웠기 때문입니다. 한편에서는 레몬이 잘 짜이지 않는다고 투덜거렸고, 다른 한편에서는 기능성이라는 엄청난 허들을 단번에 뛰어넘어 주방의 오브제로서 새로운 시각을 제시했다고 흥미로워했죠. 우주에서 온 외계 물체처럼 생긴 이 주방 도구가 20세기 디자인의 아이콘이 될 수 있었던 건 바로 그 혼란스러움 덕택입니다. 주시 살리프는 그 이름처럼 세상의 어떤 과즙 짜는 기구보다 앞선 디자인이었으니까요. 지금까지도 이 디자인 사물의 감성적 기능을 능가하는 디자인은 찾기 쉽지 않습니다.

당시 디자인을 지배했던 명제는 '형태는 기능을 따른다Form Follows Function'는 것이었는데요. 디자인이 인간의 개별적인 삶의 정서를 가꾸는 것에 앞서 보편적인 인간의 삶을 개선해야 한다는 것입니다. 즉, 사물의 형태가 기능적이어야 한다는 것이죠. 사물은 그 목적에 충실해야 하고 최대한 경제적이어야 한다는 것입니다. 기능이 우선시된 디자인 환경에서는 개인의 취향과 분위기를 담아내기 어

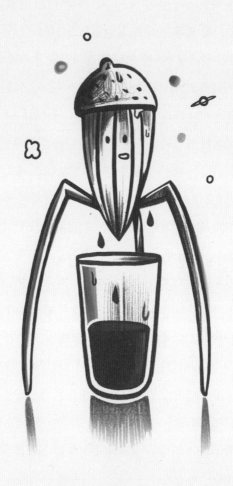

| 필립 스탁의 주시 살리프, 1994
기능주의적 디자인의 한계를 뛰어넘어 감성 디자인의 가능성을 제시한 20세기 디자인의 아이콘.

려웠어요. 레몬즙 짜개의 목적은 최대한 빠른 시간에 적은 힘으로 레몬을 짜는 데 있었습니다. 사실상 필립 스탁이 디자인한 주시 살리프는 그런 면에서는 그다지 효과적이지 않았습니다. 알레시가 추구한 디자인 전략은 반드시 기능적 탁월함에만 있지 않았어요. '시적 감성이 살아 있는 디자인'을 만드는 것이 알레시의 디자인 철학이었으니까요.

디자인은 수많은 사람들의 삶에 영향을 미치기에 알레시는 디자인을 통해 사람들의 감성을 일깨우고 일상의 즐거움을 발견하는 데 기여하고자 했습니다. 보편성의 시대가 놓친 개별성에 눈 뜨기 시작한 것이죠. 알레시는 세계 여러 나라의 유명 디자이너와 협업을 통해 혁신적인 디자인 제품을 출시하는데요. 필립 스탁 역시 그중 하나였습니다. 레스토랑에서 오징어 요리를 먹다가 아이디어를 얻었다는 그는 이 레몬즙 짜개를 완성하고 이렇게 말했다고 해요. "이 주서기는 레몬을 짜는 도구가 아니다. 이것은 의사소통의 시작을 뜻한다."

디자인이 대화의 상대로 여겨질 수 있을까요? 필립 스탁이 디자인한 주시 살리프의 디자인 의도는 사물을 낯설게 보게 해서 궁금증을 유발하고, 사물과 사람들 간에 새로운 대화를 이끌어내는 것에 있습니다. 필립 스탁은 주시 살리프를 디자인하고는 상상 속의 한 장면을 서술했다고 해요. 그는 주시 살리프를 결혼 선물로 받은 며

느리가 가족들이 모인 식사 자리에서 자연스럽게 대화를 이끄는 장면을 상상해보라고 말합니다. "제가 무엇을 선물 받았는지 한번 보세요." 어색하고 낯선 가족의 대화는 용도를 알 수 없는 희한한 물건 하나로 시작될 수 있습니다. 꿈보다 해몽일지는 몰라도 주시 살리프는 뻔한 물건들에 익숙해진 사람들에게 느닷없는 자극을 선사하고 이로써 많은 이야기들이 만들어질 만큼 충분히 독특한 디자인 사물이라는 점은 의심할 여지가 없는 것 같습니다.

그의 디자인은 언제나 낯섦이 익숙함이 되기까지는 반드시 개인의 노력이 필요하다는 것을 말하려는 것 같습니다. 편안함이 오기 전까지는 반드시 불편함이 따르는 것처럼 그의 디자인은 처음부터 편안함을 주지 않아요. 오히려 사용자 스스로 사물과의 관계 속에서 자신만의 편안함을 찾기를 바라죠. 어떤 이에게는 레몬즙 짜개의 쓸모는 레몬을 짜는 것 외에는 없다고 여겨질 수 있겠지만, 어떤 이에게는 레몬을 짜는 용도 외에도 주방의 분위기를 연출해주는 장식품으로 여겨질 수도 있을 테니까요. 디자이너로서 그가 할 수 있는 건 우리가 익히 알고 있던 사물을 통해서 또 다른 이야기를 만들 기회를 제공하는 것입니다. 그것이 일상의 편리함을 넘어 즐거움을 찾아가는 방법이니까요.

필립 스탁의 디자인은 보고 싶은 것만 보고 그 외의 것들은 외면했던 일상의 습관들을 향해 새로운 관심을 유도합니다. 그 작은 관심들이 모여 일상의 즐거움이 되고 행복한 하루가 되는 거니까요. 그래서 필립 스탁은 언제나 이렇게 말합니다. "사람들을 뒤흔들고, 이렇게 말해야 해요. 당신 삶에 관심을 가지라고!"

세상에 어떤 영향을
줄 수 있을까

디자인의 상업적 가치가 우선시 되던 시기, 디자인은 기업의 이익 창출에 기여해야 하는 것으로 여겨졌습니다. 그러다 보니 디자이너는 기업의 입장에서 판매가 잘되는 디자인을 고민하게 되죠. 이런 분위기 속에서 티보 칼맨Tibor Kalman은 디자인 활동가로서 세상에 어떤 영향을 줄 수 있을지 고민하게 되었습니다. 그는 지역 간 소통, 인종차별, 에이즈, 환경 등 다양한 사회적 이슈들에 관심을 갖고 디자인의 사회적 책임을 다하고자 했습니다. 의미가 있는 일이라면 적은 비용도 마다하지 않고 디자인을 해주곤 했었죠.

좋은 디자인은 내일을 바꾼다

망명한 헝가리계 미국인인 그는 정식 디자인 교육을 받지는 않았지만 그래픽 디자인에서부터 제품과 음반 디자인, 잡지의 아트디렉터 겸 편집장, 광고 디렉터에 이르기까지 다양한 분야에서 활동했습니다. 국가라는 테두리에서도, 디자인이라는 직업적 영역에서도 '이방인'이었지만, 그 덕분에 디자인계가 만들어온 고정관념으로부터 자유로울 수 있었습니다. 무턱대고 기존 관념에 도전적이고 실험적인 태도를 취하기보다 아이들의 상상처럼 재미있는 방법들로 일상의 변화를 유도했습니다. 우산이나 문진, 시계 등과 같이 일상과 가장 가까운 제품들에 유머와 위트를 더해 판에 박힌 듯 규칙적이고 지루한 일상에 잔잔한 즐거움과 활력을 주기도 했고요.

그의 대표적인 디자인은 1992년에 개발한 하늘 우산sky umbrella입니다. 오늘날 거리에서 흔하게 보는 구름 가득한 하늘이 인쇄된 우산들은 티보 칼맨이 디자인한 하늘 우산을 모방한 것이에요. 뉴욕현대미술관MoMA의 모마스토어가 브랜드 상품으로 출시한 하늘 우산은 겉으로 보기에는 비바람에도 끄떡없을 정도로 튼튼한 검정색의 우산 지붕과 나무 손잡이가 달린 전형적인 우산의 모양새를 하고 있습니다. 하지만 안쪽에 하늘 이미지가 인쇄된 이 우산을 펼친다면 비를 막아주는 우산 아래의 세상은 파란 하늘과 하얀 구름이 펼쳐지는 안전지대가 되죠. 하늘 우산 안에서라면 폭풍우가 몰아치는 한밤중에도 파란하늘 위를 유유히 떠다니는 구름을 만날 수

| 티보 칼멘의 하늘 우산, 1992
디자인은 삭막하고 무미건조한 일상에 사람들 스스로 즐거움과 활기를 되찾는 방법을 제안한다.

있어요.

이 우산이 20년을 훌쩍 넘긴 지금까지도 뉴욕 사람들은 물론이고 전 세계 사람들의 마음을 흔드는 이유는 무엇일까요? 미국 최대의 도시 뉴욕은 상업과 금융, 그리고 무역의 중심지입니다. 많은 대학과 연구소, 박물관, 극장, 영화관 등이 있어 미국 문화의 중심지이기도 하지요. 1,600만이 넘는 방대한 인구를 수용하는 이 거대 도시의 기온은 사계절이 뚜렷하지만 연간 강수량도 높은 편이에요. 이 우산의 외형은 뉴욕의 높고 긴 빌딩 사이를 바삐 걸어가는 샐러리맨들과 참 닮았습니다. 재미없고, 아침 출근길은 늘 바쁘고, 감정이 없는 무채색이죠. 비라도 올라치면 출근길은 복잡한 뉴욕 시내 한복판에서는 전쟁입니다. 피할 수 없으면 즐기라는 말이 있지요? 비를 막을 순 없지만, 생각하기에 따라서 축축하고 우중충한 날씨를 즐길 수도 있지 않을까요? 비 오는 아침이 짜증스럽게만 여겨지는 도시인들에게 우산 속 하늘은 일상의 활력과 작은 즐거움을 줍니다. 그리고 우울했던 마음은 마술에 걸린 듯 사라지죠.

티보 칼맨은 베네통 잡지 〈컬러스Colors〉의 편집장이었을 때, '당신에게 천국은 어떤 모습인가요?'라는 설문조사를 한 적이 있습니다. 설문에 응했던 사람들은 여러 가지 재미있는 답을 내놓았어요. '천국에서 남자들은 요리를 잘하고, 햇볕에 타지도 않고 일광욕을 즐길 수 있고요. 산소 탱크 없이도 물속에서 살 수 있다'는 등의 답이었죠. 참 별것 아닌 일상의 흔하디흔한 소소한 소망 같은 것들입니다. 티보 칼맨은 천국은 매일의 즐거움에서 행복을 찾는 일이라는 작고 소박한 결론을 내립니다. 천국은 언제나 우리 곁에 있었는데 그것을 인식하지 못했을 뿐이라고.

대중문화는 특정 지역의 독특한 정서가 일상의 경험과 혼합되어 발현됩니다. 디자인은 그런 대중이 만들어내는 문화와 언제나 함께합니다. 시대를 앞선 전문적인 기교를 뽐내는 멋진 디자인도 필요하지만, 대중들의 생활과 정서를 이해하고 반영한 디자인은 사람들의 공감을 얻고 오랜 쓰임을 창출합니다. 하늘 우산이 많은 이들에게 사랑받는 것도 언제나 우리 주변, 생활 가까운 곳을 살피려 한 디자인의 시선 때문이지 않을까요? 티보 칼맨은 디자인은 단지 언어일 뿐이라고 말합니다. 정말 중요한 건 그 언어를 어떻게 사용하느냐 입니다. 그는 천국이 무엇인지 답을 주진 않았지만, 각자의 마음속 천국을 상상하고 이야기를 할 수 있는 소통의 도구를 주었습니다. 디자인이라는 언어를 통해서 세상과 소통하고 문제를 해결하는 건 언어를 구사하는 우리, 각자의 몫이니까요.

햅틱,
더 가까워질 권리

우리의 감각은 외부로부터 유입되는 다양한 자극을 바탕으로 세계를 경험하고 상상하게 합니다. 감각들이 상실된다면 우리에게는 어떤 일이 벌어질까요? 영화 〈퍼펙트 센스〉(2011)는 감각을 하나씩 잃어가는 원인 불명의 질병이 세상을 혼란에 빠뜨리며 시작됩니다. 슬픔이 걷잡을 수 없이 밀려오면 상실되고 마는 후각은 미각을 둔화시킬 뿐만 아니라 추억마저 앗아가 버립니다. 냄새는 추억과 연결되어 있으니까요. 그러나 후각을 잃고 무뎌진 미각은 더 강력하고 자극적인 맛과 촉감을 원하며 사라진 후각을 보완하지요. 사람들은 그렇게 무뎌진 환경에 길들여지고 삶은 계속됩니다. 이 영화에서 꽤 인상적이었던 건 감각 간의 연결 구조였는데요. 인간의 지각 체계는 청각과 시각, 후각, 미각 등을 서로 연결하고 통합하면서 우리의 행동과 판단에 영향을 미칩니다. 지각 체계의 일부가 상실되거나 손상되어도 우리는 학습과 적응을 통해서 결핍을 보완할 수 있고 생명에도 지장을 초래하지는 않습니다. 단, 촉각을 제외하고 말이죠. 인간은 촉각 없이는 자신이 생존하고 있다는 사실조차 알 수 없으니까요. 만일 촉각만을 남겨둔 채 모든 감각을 상실한다면 어떤 일이 벌어질까요? 사람들이 유일하게 느낄 수 있는 건, 손닿을 때 느껴지는 서로의 존재뿐인 상황에서 말입니다.

현실에서는 영화 속 사건이 일어나지 않는다고 할지라도 우리의 감각은 환경 속에서 무뎌지기도 하고 발달하기도 합니다. 미디어의 발전으로 강화된 정보 수집력 덕분에 우리는 증강된 현실을 경험하며 몰랐던 세상을 알아갑니다. 문제는 과도하게 쏟아지는 정보들입니다. 디지털 연결망은 다양한 경로를 통해 개인이 원하지 않더라도 많은 양의 정보를 방출합니다. 하지만 정보 과잉은 오히려 스트레스의 원인이 되고 세상을 향한 상상의 나래를 펼치는 것을 방해하는 부작용을 낳습니다. 내비게이션이 당장은 길잡이가 되어주겠지만, 시간이 가면 갈수록 문제를 해결하려는 능동적 태도를 축소시키고 감각도 둔화시키는 것처럼 말입니다. 서로 인사를 나누는 방식은 어떤가요? 마주보고 한마디 말을 건네는 대신에 대화창 안에서 종류별로 다양한 이모티콘 중 하나를 선택하여 마음을 대신할 수 있습니다. 똑똑한 기술 탓에 우리의 감각은 날로 소극적이 되어갑니다. 어쩌면 미래에는 세상을 향해 열린 수많은 감각들을 잃어가는 것조차도 의식하지 못하는 날이 찾아올지도 모릅니다. 그렇다면 디자인이 우리 속에 잠자고 있는 감각들을 다시 깨워 세상과 적극적으로 소통하고 관계를 맺게 할 방법은 없을까요?

라이프치히 대학교에서 촉각을 연구하는 햅틱haptic 연구소의 소장인 마르틴 그룬발트Martin Grunwald는 눈에 보이지는 않지만, 우리의 근육과 관절, 머리카락, 피부 등에 존재하는 수많은 촉각은 세상을 향해 열려 있다고 말합니다. 이러한 감각들은 수용체가 아니라 능동적인 기관입니다. 이 감각 기관들은 다른 감각 기관들과 연합하여 인간의 행동과 판단에 다양한 정보를 제공합니다. 제품을 선택하거나 길을 찾는 등 생활 속에서 일어나는 다양한 문제들을 해결할 때도 감각의 능동성은 발휘됩니다. 사람들은 제품을 선택할 때 기능적 측면도 중요하게 여기지만, 다양한 감각적 인상들의 도움을 받아 정보를 얻고 경험하며 판단을 위한 실마리를 찾습니다. 디자이너들은 제품을 디자인할 때 사용자가 선택의 과정에서 보다 능동적이고 직관적으로 행동하는 데 도움을 주도록 설계하는데요. 무엇보다도 소비자가 어떤 감각적 특성을 먼저 받아들이고, 어떤 경험들이 판단에 영향을 미치는지 살펴보고 디자인 조형에 반영합니다.

햅틱 디자인은 인간의 촉각 체계가 요구하는 것과 선호하는 것을 연구하여 디자인에 적용하는 분야입니다. 영어 단어 '햅틱haptic'은 촉각을 뜻하는 형용사인데요. 주로 사물과 환경에 대한 문제들을 분석에 앞서 '느끼는 방법'들을 통해서 이해하고 해결하는 태도를 가리키는 용어로 많이 사용합니다. 쉬운 예로는 휴대폰의 터치 기능이 있지요. 휴대폰을 사용할 때 손가락으로 누르는 힘의 세기에 따라서 사용자의 환경이 달라지는 것을 경험할 수 있는데요. 이런 기능들은 감각이 주도하여 복잡한 기술을 더욱 쉽고 적극적으로 받아들이고 사용할 수 있도록 돕습니다. 촉각적 효과를 이용해 시각 반응을 극대화한 사례도 있습니다. 2005년 후카사와 나오토Fukasawa Naoto가 디자인한 주스 껍질Juice skin 시리즈는 제품에 대한 별다른 설명이나 홍보를 하지 않아도 이것이 얼마나 신선한 주스인지 직관적으로 느끼게 합니다. 여러 과일 중에서도 바나나 주스가 가장 흥미롭습니다. 세로로 긴 패키지의 위와 옆모서리 부분을 꺾어 바나나 모양과 유사하게 만든 후 바나나의 색감과 질감을 살린 디자인은 바나나를 먹는 느낌마저 들게 합니다.

무인양품의 아트 디렉터, 하라 켄야Hara Kenya는 테크놀로지가 사회를 압도하기 전에는 감각과 기술이 조화롭게 균형을 이루었다고

좋은 디자인은 내일을 바꾼다

말합니다. 기술이 인간을 대신하여 학습과 추리, 논증 등을 대신하고 문제를 해결해준다 할지라도 상상력과 창의력의 근원인 감각까지 대신할 수는 없습니다. 우리가 세상의 감촉을 잊기 전에, 디자인의 노력으로 감각의 다발들을 다시 깨우고 세상을 다시 조정하여 그것과 더 가까워질 권리를 찾을 수 있을까요?

호모 무지쿠스와
사운드 디자인

글을 쓸 때마다 습관적으로 듣는 음악이 있습니다. 바흐의 무반주
첼로곡인데요. 정확한 이유는 알 수 없지만, 그 음악을 들을 때면 유
독 글쓰기에 몰입이 잘되기 때문입니다. 처음에는 첼로 연주곡을 좋
아하는 취향 탓이라고만 생각했었는데요. 우연찮게도 주변인들 중
에서도 글쓰기에 바흐의 음악이 가장 좋다고 말하는 이가 있더군요.
비슷한 취향이겠거니 하고 대수롭지 않게 흘렸는데, 한 친구가 흥미
로운 말을 합니다. 그는 소리의 변화가 크지 않고, 규칙적으로 반복
되는 음과 단순한 박자들로 구성된 바로크 음악의 특징이 제게 안
정감을 주는 것 같다며 음악적 뇌를 가진 인간, '호모 무지쿠스Homo

Musicus'라는 말을 꺼냅니다.

왜 사람들은 어떤 소리나 음악을 들으면 행복해하고, 특별한 멜로디에 반응하여 슬픔을 느끼는 걸까요? 그리고 특정 음악을 들으면 안정감을 느끼는 이유는 무엇일까요? 인류학자들은 언어가 없던 아주 먼 옛날, 노래와 춤이 인류가 공동체 안에서 관계를 맺고 살아가는 데 필요한 의사소통의 도구였다고 말합니다. 이를테면, 행복할 때와 슬플 때, 부족 간의 유대감을 강화할 때를 구분하여 소리나 노래를 만들었다는 거죠. 실제로 아프리카 원주민들의 문화 안에서 음악은 예술의 형식이라기보다는 소통의 수단에 가깝습니다.

호주의 원주민인 애버리지니Australian Aborigine의 창조 신화에는 송라인Song Lines이라는 노래가 있다고 합니다. 과거 그들의 조상들은 자신들이 마주한 풍경과 만난 것들에 대한 기억을 노래로 엮어 후손들에게 전해주었다고 해요. 미래의 사람들은 전해 내려오는 노래를 부르면서 본 적도, 가본 적도 없는 풍경을 상상합니다. 그리고 노랫말이 이끄는 공간 속에서 조상들을 만납니다.

뇌 과학자들은 인간의 뇌가 진화하면서 언어나 예술과 같은 소통의 문법들을 창조했다고 말하는데요. 그 과정에서 사회 공동체를 만들고 문명을 형성해왔다는 것이죠. 탄생했을 때부터 음악에 몰입하는 것도 문명의 진화와 함께 인간의 뇌도 공진화한 증거 중 하나라는 겁니다.

사운드 디자인은 음악을 인식하고 몰입하는 인간의 뇌가 가진 능력을 십분 활용하여 사용자에게 다채로운 경험을 제공합니다. 영화의 효과음이 대표적인데요. 영화에 쓰이는 주제가나 배경음악, 주변 환경의 소음 등도 모두 사운드 디자인입니다. 사운드 디자이너는 여러 가지 소리 중에서 적절한 것을 골라 새로운 소리를 창조하고, 자연적인 공간성을 구현하여 음악적 경치soundscape를 만들며 사용자의 경험을 한층 강화합니다. 기업은 브랜드에 대한 몰입도를 높이기 위해서 자사의 브랜드나 제품의 특성에 맞게 사운드를 선별하거나 제작하기도 하는데요. 애플의 맥킨토시 컴퓨터는 운영체제OS를 구동할 때 나는 소리에 여러 가지 음원을 적용해서 브랜드의 인지도를 높이기도 했습니다. 아주 오래전 일인데도 맥킨토시 운영체제의 클래식 사운드는 기억에 강하게 남습니다. 파란 화면 안에서 마우스를 클릭할 때마다 들리던 물방울 소리는 바다에서 헤엄치듯 디지털 세계를 떠다니게 했습니다. 폴더를 열고 닫을 때의 휙 하는 소리는 마치 램프요정 지니가 요술램프 속으로 빨려 들어갔다 나오듯, 정보 탐색의 과정에 신비감마저 느끼게 했습니다. 이처럼 사운드는 사용자의 환경을 증강시키고 대상과 새로운 관계 맺기의 가능성을 열어줍니다.

사운드를 활용한 디자인은 전에는 불가능하다고 여겼던 것들도 가능하게 합니다. 지난 2018년 평창 동계올림픽과 패럴림픽 폐막

좋은 디자인은 내일을 바꾼다

공연을 통해 우리에게도 친숙한 네덜란드 출신의 세계적인 프로듀서이자 디스크자키인 마틴 게릭스Martin Garrix는 독특한 일렉트로닉 댄스 뮤직EDM, Electronic Dance Music 파티를 열어 화제를 모았습니다. '음악은 인류의 보편적인 언어'라는 롱펠로우의 시 한 구절로 시작하는 이 파티의 주인공은 다름 아닌 청각장애인들이었습니다. 그는 음악이 '물체의 진동을 통해서 사람의 귀에 전달되는 공기의 파동'이라는 점에 착안해 청각장애인뿐만 아니라 모든 이들이 음악으로 하나 되는 프로그램을 기획했습니다. 울림 효과를 극대화할 수 있도록 최대한 낮은 주파수의 곡들을 선곡해서 음악의 비트를 귀가 아닌 피부와 심장으로 느낄 수 있게 했고요. 소리가 공진하는 것을 시각화하여 음악의 역동적인 감정들을 눈으로 볼 수 있게 했습니다. 마틴 게릭스는 음악은 우리 모두를 움직이는 힘을 가졌고, 청각장애인들은 단지 그 음악을 다르게 경험할 뿐이라고 말합니다.

인류 공통의 언어였던 음악은 디지털 기술과 디자인이 만들어내는 보조 장치들 덕택에 장애와 경계를 넘어 모두가 공감하고 즐기는 보편적인 언어가 되고 있습니다. 하지만 아무리 기술이 탁월한 장치들이 보조 역할을 한다 해도 의미 있는 감정과 대화를 끌어내는 것까지 대신할 수는 없습니다. 그것은 인간의 영역이기 때문입니다. 소음성 난청 증가율이 점점 증가하고 있다고 하지요. 최근 5년간

30%가 증가했다는데요. 10대의 난청 비율도 커지고 있다고 합니다. 주위 소음을 막기 위해 이어폰을 자주 사용하거나 음악을 크게 듣는 습관이 가장 큰 원인으로 지적됩니다. 기술은 사용자에 따라서 기능 이상의 가치를 발휘할 수도, 무용지물이 될 수도 있습니다. 소리를 잡음 없이 선명하게 들을 수 있게 고안된 이어폰이 오히려 소리를 들을 수 없게도 만드니까요.

스티브 잡스는 기술 자체는 아무것도 아니라고 말합니다. 중요한 것은 그 기술을 활용하는 사람들입니다. 그리고 스스로 멋진 일을 이룰 것이라는 사실을 믿는 것입니다. 베토벤이 청력을 잃은 후 작곡한 소나타 31번의 악보 첫머리에는 "따뜻한 마음으로 ConAmabilita"라고 써 놓았다고 하지요. 청력을 잃은 음악가가 작곡을 위해 의존한 것은 그의 음악적 재능이나 기술이 아니었습니다. 따뜻한 마음이었습니다. 디자인은 기술을 최대한 인간화해서 쉽게 상용하도록 하는 보조 장치의 역할을 할 뿐입니다. 결국 우리에게 필요한 힘은 세상과 소통하려는 마음 아닐까요?

좋은 디자인은 내일을 바꾼다

일러스트레이션의
세계

세상과 소통하는 방식에는 여러 가지가 있습니다. 디자인은 커뮤니
케이션의 수단이기도 하지만 커뮤니케이션 그 자체이기도 합니다.
소셜 네트워크 서비스SNS를 통해 소통할 수도 있고요. 장난감과 같
은 도구를 통해서 재미있는 대화를 유도할 수도 있습니다. 전달하
고자 하는 것을 어떻게 커뮤니케이션하느냐에 따라 상호작용의 결
과는 달라지니까요. 학습 도구를 떠올려 보겠습니다. 동일한 기능을
가진 필기구라고 해도 색이나 종류에 따라 집중력은 달라질 수 있습
니다. 교과서 역시 마찬가지입니다. 글과 글 사이에 삽입된 그림이
나 도표 등은 본문을 이해하는 데 도움을 줍니다.

서적이나 잡지, 포스터 등에 삽입된 그림들을 일러스트레이션 illustration이라고 합니다. 커뮤니케이션을 강화하는 수단 중 하나인 일러스트레이션은 정보를 제공하는 것에만 머무르지 않고 정보에 부수하여 이해를 촉진하면서 수용자가 새로운 관점으로 사고하는 것을 돕습니다. 이러한 특징으로 인해 의학, 광고, 출판 등 굉장히 여러 분야에 광범위하게 활용되는데요. 얼마 전 전라남도 구례에서 본 여행 그림책이 인상적이었습니다.

구례 5일장이 궁금해 찾아간 장터에서 한 카페에 들렀었습니다. 탁자 위에 엽서 사이즈의 작은 그림책 한 권이 놓여 있더군요. 페이지마다 낯선 마을의 풍경들이 각기 다른 그림체로 채워져 있었습니다. 책 속에는 때마침 식사를 마치고 나온 식당의 소박한 상차림이 그림으로 담겨져 있었는데요. 실제로 먹었던 밥이며 반찬들이 묘사되어 그런지 꽤 실감 나면서도 사진이 미처 표현하지 못하는 할머니의 손맛이 느껴져 정감 있었습니다. 이 그림책은 '여행 그림책 프로젝트'라는 이름으로 지리산문화예술사회적협동조합 구름마가 2017년부터 진행해온 사업이었습니다. 예술가들은 짧게는 3개월, 길게는 5개월가량 지리산을 중심으로 형성된 지역을 여행하며 그린 그림들을 모아 그림책을 출간하는데요. 그리기라는 과정을 통해서 낯선 세상을 관찰하고 이해하는 각자의 방식들이 그림을 보는 사람으로 하여금 장소에 대한 상상력을 자극하기에 충분했습니다.

예술가들의 그림처럼 우리는 인터페이스interface를 통해 세상과 직간접적으로 소통합니다. 인터페이스란 사물 간 또는 인간과 사물 간의 두 세계 사이의 경계면을 말하는데요. 두 세계가 서로 정보를 교환하고 상호작용할 수 있는 일종의 연결 통로가 되는 것이죠. 대체로 이 용어는 디지털이라는 도구를 활용하면서 사용자 인터페이스라는 말로 많이 사용해왔습니다. 모니터나 키보드, 마우스, 그리고 운영 프로그램과 같은 소프트웨어 등이 디지털 인터페이스에 해당됩니다. 지리산 여행 그림책 역시 디지털 인터페이스처럼 지리산에 관심을 갖고 여행할 수 있는 하나의 인터페이스가 된다고 볼 수 있습니다.

사용자는 인터페이스와의 상호작용을 통해 경험을 구상하고 창조적인 활동을 합니다. 인터페이스가 없으면 상호작용도 일어나지 않습니다. 그런데 디지털 인터페이스와 그림책 간에는 큰 차이가 있습니다. 모니터와 같은 디지털 인터페이스는 검색을 통해 세상과 소통하고 상호 작용하는데요. 정보 교환을 위한 상호작용에만 집중하게 됩니다. 반면 그림책은 사용자와의 상호작용을 통해서 정보를 교환할 뿐만 아니라 그림 너머의 세계를 자유롭게 상상하도록 돕습니다. 예술심리학자 루돌프 아른하임Rudolf Arnheim이 그림책이라는 인터페이스를 두고 경험을 넘어 자유로운 상상을 자극한다고 말한 것은 이런 의미에서 입니다. 일러스트레이션의 기능을 가장 잘 활용하는 것은 어린이 그림책입니다. 어린이를 대상으로 설계한 그림책은 상상력과 창의력에 초점을 맞추기 때문에 디자이너들에게도 매력적인 분야입니다.

어린이 그림책의 시각적 독창성은 어른들조차도 그 매력에 빠지게 합니다. 더 흥미로운 것은 '읽는 것'이 아니라 '읽어준다'는 데 있습니다. 누군가 읽어주는 그림책 속 세상을 보면서 어린이는 상상의 나래를 폅니다. 글을 모르는 아이는 그림으로 세상을 경험하고, 글을 아는 어른은 그림을 통해 이야기를 전달합니다. 어른과 아이 두 관계가 그림이라는 인터페이스를 통해서 서로에게 새로운 경험의 기회를 제공하는 거죠. 아동도서전문 출판사 후쿠잉캉의 회장인 마쓰이 다다시松居直는 어린이 그림책은 "어른이 어린이에게 읽어주는 책"이라고 말하기도 했는데요. 어린이 그림책은 어른 세대와 어린이 세대가 서로의 어린 시절을 상상하면서 공감하고 소통할 수 있도록 도와주는 매개체가 됩니다.

우리에게 너무나 잘 알려진 앤서니 브라운Anthony Browne의 그림책은 전시를 통해서도 많이 소개되고 있는데요. 특히 《앤서니 브라운의 행복한 미술관》은 그림 읽어주는 그림책으로 어린이뿐만 아니라 어른들에게도 큰 호응을 얻고 있습니다. 영국 런던의 테이트모던

| 앤서니 브라운의 《나의 상상 미술관》
일러스트레이션은 거대한 세상으로 더 가까이 다가가는 데 친근하고 유용한 도구가 되어준다.

미술관Tate Modern Collection에 구경하러 간 어느 가족의 이야기를 들려주는 이 책은 실제 아이들과의 그림 워크숍을 통해 탄생했습니다. 그림 속의 장면들은 워크숍을 통해 관찰한 아이들의 태도와 반응을 바탕으로 만들어졌다고 합니다. 앤서니 브라운의 독특하고 이색적인 스타일로 소개되는 미술관의 그림들은 엄숙함에서 벗어나 그림 속을 마음껏 뛰어다니며 상상의 나래를 펴게 합니다. 이 그림책은 '예술이라는 이름에 주눅 들지 말고' 자신만의 방식으로 그림을 보고 상상하며 대화하라고 말합니다. 그것이 예술의 진정한 힘이라는 사실을 전달합니다. 디자인은 늘 우리 곁에서 세상을 나아가는 데 유용한 도구가 되어줍니다. 예술이라는 이름에 겁내지 말고 다가가도록 그림책이라는 인터페이스를 제공하듯이 말입니다.

창의성은
어디에서 오는가

런던의 움직이는 랜드마크인 빨간 이층 버스, 루트마스터^{routemaster}
가 50년 만에 재탄생했습니다. 런던의 상징이긴 했지만 루트마스터
에는 불편한 게 한두 가지가 아니었죠. 이층 버스는 바쁜 출퇴근 시
간에 오르내리기에도 불편할뿐더러 크기도 작아 내부가 꽤 비좁았
습니다. 그런 불편함을 덜기 위해 조금 덩치가 커진 이층 버스가 다
니기도 하고요. 위 칸을 아래 칸의 뒤쪽에 이어 붙여 지렁이처럼 길
어진 굴절버스가 다니기도 합니다. 이런 저런 우여곡절 끝에 50년이
라는 세월을 보내고 다시 탄생한 이층 버스는 그러니까 손자뻘 정도
되겠네요. 할아버지와 손자처럼 두 세대의 이층 버스가 지나가는 광

경을 목격한 적이 있는데요. 이 이층 버스는 오르내리거나 타고내리기 수월하도록 1층에 3개의 문을 설치했고요. 차량의 앞과 뒤에 2개의 계단을 만들어 승객의 이동 편의성을 보완했습니다. 그 때문에 3미터가 길어지긴 했다지만, 과거의 각진 형태를 둥글게 디자인해 여전히 앙증맞아 보였습니다. 게다가 가장 큰 난관인 런던 교통국의 까다로운 업무 지침대로 40%의 에너지를 절감한 하이브리드 차량으로 탈바꿈하는 데 성공했죠.

새로운 이층 버스는 영국의 디자이너 토마스 헤더윅Thomas Heatherwick이 런던 시로부터 의뢰받아 디자인한 것입니다. 그는 매 프로젝트마다 사람들의 시선을 한 몸에 받고 있는데요. 가장 큰 이유는 그의 창의적인 결과물 때문입니다.

예술가들의 작품에는 독창적이라는 말을 많이 쓰지요? 디자인에는 독창적이라는 말보다는 창의적이라는 수식어를 붙이는 경우가 더 많습니다. 이 둘에는 무슨 차이가 있을까요? 미국의 심리학자로 창의성과 관련한 대표적인 연구자 미하이 칙센트미하이Mihaly Csikszentmihalyi는 창의적인 사람들의 몰입의 과정을 오랜 시간 추적하며 그들의 공통된 특징들을 발견했습니다. 가장 큰 특징으로는 창의적인 사람들은 똑똑하거나 기발한 아이디어를 내는 사람이 아니라 사람들의 삶과 사고를 발전시키는 사람들이라는 겁니다. 요컨대, 창의성은 개인의 활동에 의해서라기보다는 '개인과 공동체의 상호작용' 속에서 발현된다는 것이죠.

'디자인적 발상'을 '창의적 발상'의 과정이라고도 부르는 이유도 여기에 있습니다. 청각 장애를 가진 변호사이자 인권운동가이며 디자이너이기도 한 엘리스 로이Elise Roy가 디자인에 입문하게 된 계기는 '세상에서 가장 어려운 문제를 풀어줄 훨씬 더 막강한 도구가 있을지 모른다는 믿음을 갖게 되면서'라고 하는데요. 그 도구는 바로 디자인적 발상이었습니다. 디자인적 발상은 문제 해결의 과정이라 할 수 있는데요. 문제 해결의 실마리는 창의적 과정을 통해서 찾아낼 수 있습니다.

디자인 발상의 과정은 총 다섯 단계로 이루어집니다. 첫 번째 단계는 문제를 찾고, 그 문제들의 제약 조건을 이해하는 것입니다. 두 번째 단계는 그 문제가 일어난 환경과 상황에 놓인 사람들을 관찰하고 왜 그런 문제가 일어났는지 공감하는 것입니다. 예를 들면 이 두 단계를 거치면서 디자이너는 오래된 이층 버스가 승객들에게 불편함을 주는 이유는 무엇이고, 어떤 제약 조건들이 있는지 기초 조사를 합니다. 더 나아가 버스 기사나 운영 주체들과의 인터뷰 등을 통해 교통 환경을 이해하고 공감할 수 있습니다. 세 번째는 문제를 해결하기 위해 다양한 아이디어를 도출하고 공유하면서 가능성 높은 해결책에 다가가는 것입니다. 아이디어를 버리면 버릴수록, 그리고 그 아이디어가 과감하면 과감할수록 문제 해결에 더 가까워질 수 있습니다. 네 번째는 가능성이 높은 해결책을 사용자 대상으로 모의 실험해보는 것입니다. 만일 과거보다 개선된 신제품을 출시할 예정이라면 시제품prototype을 만들어서 테스트한 후 새롭게 발견되는 문제는 없는지 꼼꼼하게 점검하고 개선해나갑니다. 간혹 자동차 전체에 디자인이 노출되지 않도록 테이핑을 한 차가 시내를 달리는 것을 보게 되는데요. 출시 직전, 시운전을 통해 신차의 성능을 실험하는 경우입니다. 마지막 단계는 실행입니다. 이전 단계에서 실험한 결과물들이 실제 환경에서 지속 가능한지 최종적으로 확인해보는 것입니다. 조금 길게 설명하긴 했지만, 디자인 발상의 매 단계에서 중요한 건 문제에 대한 이해와 공감, 아이디어 공유, 사용자 대상의 모의실험과 평가 그리고 실행이라는 상호적인 소통 과정입니다. 결국 창의성은 사회와의 관계 안에서 사용자가 필요로 하는 것을 발견하고 그것을 풀어가는 과정 자체를 말하는 것이죠. 창의성이 어떻게 공동체 간의 상호작용을 통해서 발현되는지 이해할 수 있는 대목입니다.

디자인을 통해 세상을 긍정적으로 변화시키는 것은 개인이 혼자서 할 수 있는 것은 아닙니다. 토마스 헤더윅Thomas Heatherwick은 "세상을 바꾸는 발상의 원천은 소통"이라고 말합니다. 개인의 독창성만으로는 오래된 이층 버스를 사용자와 환경을 고려한 하이브리드 차

좋은 디자인은 내일을 바꾼다

량으로 개조하지는 못했을 겁니다. 사회가 요구하는 것들에 대한 이해와 공감이 없었다면 버스 승객들이 어떤 불편을 겪을지, 환경에는 어떤 영향을 줄 것인지 예측하는 것은 불가능했을 테니까요. 디자인적 사고를 하는 사람들을 창의적이라고 여길 수 있지만 그들이 특별히 남다른 것은 아닙니다. 단지 사용자를 위해 다양한 분야의 사람들과 다양한 시각을 공유하고, 모으고, 결합하면서 개인과 사회가 당면한 문제를 해결할 수 있다는 열린 사고를 할 뿐입니다.

4장

결핍에서 시작되는
디자인 혁신

A4 종이와
바우하우스 정신

일상에서 사용하는 물건이나 서비스 중에는 대량생산에도 일정 수준의 품질이 유지될 수 있도록 표준화된 것들이 많은데요. 표준화가 이루어지면 생산자 입장에서는 비용을 최소화하면서도 균일한 품질로 어디든 공급할 수 있습니다. 소비자 입장에서는 어디에서나 표준화된 품질과 서비스를 동일한 가격으로 믿고 구매할 수 있고요. 무역 거래에 있어서도 표준화는 중요한 역할을 하는데요. 국제적으로 통용되는 표준 규격은 서로 간에 동일한 기준으로 소통할 수 있기 때문에 교류를 용이하게 합니다.

좋은 디자인은 내일을 바꾼다

일상에서 널리 사용되는 A4 종이는 1922년 독일산업표준협회DIN가 국제표준규격으로 개시한 것입니다. A0, A1, A2, A3, A4로 표준화된 종이 규격은 100년 남짓한 세월 동안 인쇄물뿐만 아니라 사회 전반에 상당한 영향을 미쳤습니다. 표준화의 기본 원칙은 간단한 원리를 최대 경우의 수로 생산해야 한다는 것입니다. A계열의 종이 규격 단위 역시 원리는 매우 간단하지만 경우의 수는 무한대에 이릅니다. 가장 큰 사이즈인 A0(841x1189mm)를 반으로 자르면 A1(594x841mm) 사이즈가 나오고요. A1을 다시 반으로 자르면 A2(420x594mm)가 나옵니다. 이것을 또 반으로 자르면 A3(297x420mm), 다시 반으로 자르면 A4(210x297mm)가 나오는 식으로 사용 가능한 가장 작은 단위까지 종이의 낭비 없이 재단하고, 사용할 수 있고요. 절반으로 자르거나 접어도 가로와 세로의 비율이 변함없이 유지된다는 것이 가장 큰 특징이자 장점입니다. 이렇게 표준화된 규격은 종이를 인쇄하는 기계는 물론이고 학교와 사무실에서 사용하는 복사기와 프린터기에도 맞춰져 있기 때문에 거의 모든 서류와 인쇄물의 형태에도 관여합니다. 인쇄물을 보관할 서류함이나 가방의 크기에도 영향을 주고, 책장과 테이블 등의 크기와 형태를 결정할 때도 기준이 됩니다.

표준화가 회사와 가정, 학교 등에 속한 다양한 조건의 사람들에게 통용되려면 무엇으로든 사용할 수 있는 형태로 보급되어야 하는 데요. 이때 디자인은 표준 규격이나 기준을 적용한 응용 제품과 서비스 등을 개발하여 일상에 확대 보급하는 역할을 합니다.

100여 년 전 독일에서 A계열의 종이 규격 체계가 공개되었을 때 가장 적극적으로 채택한 기관 중 한 곳은 바우하우스Bauhaus였습니다. 1919년 독일 바이마르에 설립된 이 학교는 산업과 건축을 비롯한 예술과 공예의 통합을 통해서 응용미술과 순수미술 간의 경계를 없애고 예술가와 디자이너가 사회를 위해 함께 공헌할 것을 주장했는데요. A 규격의 종이처럼 재료와 형태의 경제적 활용을 목적으로 표준화된 산업 체계는 바우하우스가 추구하는 디자인 정신에 정확하게 부합하는 것이었습니다.

바우하우스의 예술가와 디자이너들은 낭비가 없는 A계열의 종이를 보다 경제적으로 사용할 수 있는 디자인 연구에 많은 힘을 쏟았습니다. 이 학교의 그래픽과 인쇄를 담당했던 헤르베르트 바이어 Herbert Bayer는 기업이나 관공서에서 늘 사용하는 레터헤드letterhead의 디자인을 우선적으로 바우하우스용으로 제안했는데요. 바우하우스의 레터헤드를 통해서 디자인 표준이 만들어지면 여러 기업이나 관공서까지 이 기준을 확대할 수 있을 것이라고 여겼던 거죠. 한 가지더 특징적인 것이 있었는데요. 바우하우스가 디자인한 레터헤드에

좋은 디자인은 내일을 바꾼다

는 모든 알파벳이 소문자 표기로 되어있었습니다. 그들은 소문자만 활용한다면 대문자와 소문자를 바꿔 표기하는 과정의 번거로움을 줄일 수 있어 시간도 절약하고 작업의 능률 또한 높일 수 있다고 생각했습니다. 바우하우스의 레터헤드 하단에는 '우리는 시간을 절약하고자 무엇이든 소문자로 쓴다'라고 적혀있습니다. 종이의 경제 원리가 생활의 경제 원리까지 고려하는 기준이 된 것입니다.

바우하우스의 디자이너들은 일상의 사소한 습관들에서 발생할 수 있는 비효율적인 문제들을 찾아내고, 이로부터 더 나은 방법을 찾아 삶을 개선하고자 했습니다. 식탁 위의 소금 후추통에서부터 어린이 의자와 주방, 가구에 이르기까지 그들의 디자인이 영향을 미치지 않는 일상은 없었습니다. '소문자 쓰기 운동'과 같은 혁신적 활동들이 때로는 정해진 사회의 정서를 위반한다는 이유로 배척을 당하기도 했지만 말입니다. 그럼에도 불구하고 이들의 활동은 예술가들의 전유물이었던 디자인을 모든 사람들을 위한 것으로 변화하는 데 커다란 역할을 했습니다.

우리들은 매일 표준화된 사회에서 획일화를 경험합니다. 표준화된 사회가 개인의 창의성에 제한을 가져온다는 비판의 목소리도 들립니다. 모두를 위한 디자인의 기준을 세우기 위해 마련된 표준화의 원리는 개인보다 사회 전체를 우선으로 삼기에 개별성이나 창의성과는 모순되는 결과를 낳기도 하니까요.

반면에 표준화는 최소한의 가이드를 제공하여 누구나 쉽게 사용하고 이를 통해 새로운 것을 만들 수 있는 기회도 동시에 주었습니다. 그런 최소한의 기준이 없었다면 디자인 역시 소수가 향유하는 문화 안에 머물러 있었을지도 모릅니다. 바우하우스의 2대 교장이었던 하네스 마이어Hannes Meyer는 디자인에 대해 생활의 편의성을 위한 도구적인 차원을 넘어 일상의 문화와 사회적 가치를 반영해야 하는 것으로 보았습니다. 디자인은 '사회 구성원들의 삶의 질을 향상시키기 위해 노력해야 한다'고 주장하며 예술적 창의성보다 기능주의적인 디자인을 앞세웠습니다. 이런 그의 디자인 철학은 설립자 발터 그로피우스Walter Gropius의 목적과 일치하지는 않았습니다. 그로피우스는 예술과 산업 등 모든 장르가 통합된 총체적 예술을 통해서 "산업화 시대에 걸맞는 새로운 양식을 만들자"고 주장했으니까요. 하지만 이들 디자인 선구자가 추구하는 방식에는 차이가 있었다 하더라도 디자인은 모두를 위한 것이고, 그 모두를 위한 경계는 없다는 것을 일깨우기에 충분했습니다. 그리고 그 모든 노력들은 현대 사회에 속한 디자인의 역할이 무엇인지 자리매김하는 기틀을 마련했습니다.

바우하우스는 오늘날 우리가 인식하는 현대 디자인을 기초하고

좋은 디자인은 내일을 바꾼다

조형하는 데 많은 기여를 했습니다. 그들이 만들어낸 디자인 정신은 바우하우스가 100주년을 맞이한 오늘날에도 여전히 디자인의 표준으로 남아 수많은 경우의 수와 변곡점을 만들어내고 있으니까요.

멤피스 디자인이 선택한
디자인의 무기

디자인은 보편적인 가치를 추구합니다. 다수의 편에 서야 하는 디자인의 본성 탓에 사용자 개개인의 취향이나 특수성까지 고려하기란 쉽지 않습니다. 물론 그 덕분에 디자인이 일상 어느 곳에나 존재할 수 있었지만 말입니다. 디자이너들은 사회적 환경이나 일상의 가치들이 변하면 디자인 신념도 함께 변할 수밖에 없기 때문에 혼란을 겪기도 합니다. 하지만 변화무상한 환경에서도 변하지 않은 디자인의 가치는 있습니다. 바로 창의성입니다.

산업 부흥기에 디자이너들은 산업 경제를 활성화하는 원동력이

좋은 디자인은 내일을 바꾼다

되었습니다. 아직 공급이 수요에 미치지 못했던 때라 디자이너들은 대량생산에 최적화된 획일적인 제품들을 수없이 쏟아냈습니다. 그런데 이에 대항한 디자인 운동이 있었습니다. '인간을 인간답게 만드는 창의성은 어디에서 오는가?'라는 질문을 던지며 이탈리아에서 태동한 멤피스 그룹Memphis Design Group의 디자인 운동이었습니다. 기술과 기능에 종속된 디자인적 전통과 관습에서 벗어나자는 문제의식에서 시작된 이 운동은 1980년대의 디자인과 예술계에 짧지만 아주 강력한 영향을 주었습니다.

그룹을 주도했던 인물은 이탈리아 디자인 풍경에 인상적인 드라마를 남긴 건축가 '에토레 소사스Ettore Sottsass'였습니다. 소사스는 멤피스 그룹을 결성하기 이전에도 생산의 효율성만을 고려해 설계된 무미건조한 사물들에 작은 즐거움들을 주려고 애를 썼습니다. 그는 1969년에 페리 킹Perry A. King과 함께 올리베티 발렌타인Olivetti Valentine의 새빨간 휴대용 타자기를 디자인했는데요. 타자기는 검은색이어야 한다는 고정관념을 깨고, 이탈리아 디자인의 극적인 순간을 만들어냈습니다. 하나의 도구에 지나지 않았던 사물에 새로운 가치를 부여하고 사람들에게 글 쓰기의 새로운 즐거움을 느끼게 한 것입니다. 인간이 발휘하는 창의력은 상황이나 조건에 따라 달라질 수 있다는 것을 디자인을 통해 보여준 것이죠. 뉴욕현대미술관MoMA의 영구 소장품이기도 한 올리베티 발렌타인의 빨간 타자기는 현재까

| 멤피스 디자인, 1981

멤피스 디자인 그룹 멤버. 기능과 기술에 종속된 디자인적 전통과 관습에서 벗어나 인간의 상상력과
창의성을 일깨우는 파격적인 디자인을 제시하며 기존의 디자인 질서에 새로운 변화를 시도하였다.

지도 '시적 감수성과 산업디자인의 완벽한 결합'을 보여준 혁신적인 디자인이라는 찬사를 받고 있습니다.

멤피스 그룹은 대량생산에 맞춰진 표준화되고 획일화된 디자인이 전부인 양 확산되는 산업주의적 태도를 경계했습니다. 그리고 세상에 의미를 남겼던 아방가르드 운동들의 혁신적 사고를 적극적으로 수용했습니다. 공업 생산방식과 미술을 결합하여 여전히 고전적인 미를 추구하면서도 기능성을 부가했던 아르데코Art Deco나 팝문화Pop culture 그리고 대중의 문화 욕구를 상징적으로 반영해온 키치Kitsch 등에서 영감을 얻었습니다. 그래서인지 이들의 디자인은 다소 기이하고 엉뚱해 보이는데요. 취향을 획일화시킨 기능주의적 디자인이 '좋은 디자인'이라고 믿어 의심치 않았던 디자인 세계를 향해서 창의력이라는 무기로 무장한 귀여운 악동들의 반항처럼 보이기도 했습니다. '멤피스'라는 그룹명도 저녁 모임 중에 흘러나온 음악을 따서 지었을 정도로 즉흥적이었지요.

멤피스 디자인 그룹을 상징하는 가장 대표적인 가구 중 하나는 소사스가 디자인한 칸막이 겸 책꽂이인 '칼튼Carlton'입니다. 책이나 물건들을 올려놓을 수 있는 선반이라고 보기에도 다소 모호한 칼튼은 요즘 사람들의 눈으로 보아도 아주 독특합니다. 수직 수평의 틀을 깨고 마치 '창의성이 기능과 기술에 제한되어야 하는가?'라는 질

문을 쏘아 올리듯 방사형으로 거침없이 뻗어 있고요. 색상 역시 책꽂이가 주인공인지 그 위에 놓일 물건이 주인공인지 헷갈릴 정도로 원색적인 데다 패턴 또한 시각적으로 강렬합니다.

한편으로는 멤피스 디자인 그룹의 이런 행보가 디자인의 예술성과 기능성을 사이에 두고 뜨거운 논쟁거리를 만들기도 했습니다. 정작 그들이 제기한 문제는 예술성과 기능성 둘 중 어느 하나를 선택하자는 것이 결코 아니었는데도 말입니다. 오히려 디자인을 기능성만 앞세운 도구적 수단으로 볼 것이 아니라 창의성의 수단으로 보자는 것이었죠. 이러한 주장은 진정 창의적인 디자인이란 디자이너 자신의 능력을 보여주는 것이 아니라 사람들이 스스로 창의력을 발휘하도록 디자인이 이끌어야 한다는 생각에서 비롯된 것인데요. 멤피스 그룹은 이것이야말로 진정한 디자인의 능력이라고 믿었고, 그것은 디자인의 기능성과 창의성이 적절한 균형을 이룰 때 가능하다고 생각했습니다. 상상해봅시다. 사람들이 칸막이 겸 책꽂이 칼튼을 어떤 용도로 사용하며 여기에 무엇을 어떻게 창의적으로 올려놓을지 말입니다. 어찌 되었든, 디자인이 인간의 창의성을 북돋우는 매개라는 그들의 생각은 많은 디자이너들에게 영향을 주었고 디자인이 조금 더 자율성을 갖는 데 일조했습니다.

오늘날 절대적이고 유일한 가치란 거의 없습니다. 삶의 유형이나 방식도 다양하고요. 디자인도 갖가지 삶 속에 두루 존재합니다. 어떤 제품들은 기능적이어야 하지만 또 어떤 제품들은 감성 그 자체에 가치가 있는 것도 있습니다. 환경에 유익하고 생태학적으로도 바람직한 디자인을 하는 것도 중요하지만, 소소한 일상의 문화들을 반영하는 제품도 필요하고요. 상상력을 자극하는 제품들도 필요합니다. 그 이유를 미학자 진중권의 말을 빌려하자면 '디자인은 상상을 현실로 실현하는 그림이자 개인의 꿈을 실현하는 기획'이기 때문입니다. 멤피스 디자인 그룹이 활동했던 1980년대나 2000년대를 사는 오늘이나, 디자인의 진정한 가치는 인간의 유일한 능력인 상상력을 맘껏 발휘하도록 돕는 데 있습니다. 꿈을 간직한 사람들이, 그리고 그 꿈을 실현시키려는 사람들이 여전히 존재하는 한 말입니다.

놀이하는 인간이
만드는 미래

1323년 여름의 일입니다. 고려 신안의 앞바다에서 커다란 배 한 척이 사라졌습니다. 그로부터 700여 년이 지난 1975년 8월의 어느 날, 신안 섬 앞 바다에서 고기잡이를 하던 어부의 그물망에 중국의 것으로 추정되는 도자기 여섯 점이 걸린 일이 있었죠. 그 사건을 계기로 행방불명되었던 이 무역선의 실체가 드러나기 시작했습니다. 이 보물선은 발견된 곳의 이름을 붙여 '신안선'이라고 부르는데요. 14세기에 바다를 항해하며 무역 활동을 펼치던 무역선이었습니다. 이 배 안에는 중국 도자기 2만 5천여 점과 금속공예품, 석제품, 향신료 등 진귀한 물품 총 2만 6천여 점이 실려 있었다고 합니다. 물품들 중에

좋은 디자인은 내일을 바꾼다

서는 장기판이나 바둑알, 주사위 등과 같은 놀이 도구도 있었는데요. 아마도 승선원들의 길고 지루한 항해 길을 달래기 위한 놀이 도구였을 것으로 추정합니다. 신안선에서 발견된 주사위와 유사한 주사위를 고려시대의 청자 유물에서도 본 적이 있습니다. 주사위의 각 면의 점을 상감한 푸른빛의 작은 청자 주사위였습니다. 크기도 가로와 세로 약 1cm 내외로 앙증맞기까지 했습니다. 신기한 건 두 주사위 모두 요즘의 것과 모양이 거의 똑같았다는 겁니다. 주사위가 최초로 발견된 것은 기원전 3000년경이라고 합니다. 신석기 시대가 끝나고 청동기 시대가 시작되는 시기이니 인류의 역사 속에서 장난감이 차지하는 비중이 매우 컸음을 짐작할 수 있습니다.

인류는 왜 그 오랜 옛날부터 장난감을 만들었을까요? 네덜란드의 역사학자 요한 하위징아Johan Huizinga는 '놀이하는 인간'이라는 뜻의 호모 루덴스Homo Ludens라는 개념을 처음으로 사용하며 인간의 유희적 본능을 강조합니다. 하위징아가 1938년에 저술한《호모 루덴스》에서는 놀이가 생산적인 활동은 아니지만 '일상과 생산을 위해서 필수불가결한 활동'이라고 역설하고 있습니다. 아주 간단한 도구만을 가지고도 놀이를 창조해내는 능력을 발휘하는 것은 인류의 유희 본능 때문이라는 거죠.

가장 오래된 놀이 중 하나가 바로 '구슬치기'입니다. 매우 간단한 도구로 즐길 수 있는 놀이입니다. 인류의 역사와 함께 시작된 이 놀이는 나라와 지역마다 규칙이 조금씩 다르지만, 정해진 선 안에서 상대방의 구슬을 맞혀 구슬을 획득하는 것이 기본적인 방식입니다. 기록에 따르면 처음에는 일상에서 손쉽게 구할 수 있는 돌멩이나 과일 씨앗, 밤, 땅콩과 같은 딱딱한 견과류 등을 사용했습니다.

단순하게 시작된 구슬치기는 다양한 게임의 방식도 창조했지만, 기술의 발전에도 상당한 기여를 했습니다. 오늘날 우리가 보는 색색의 유리구슬은 독일에서 그 원류를 찾을 수 있습니다. 길가의 돌멩이가 소행성처럼 생긴 알록달록한 유리구슬로 진화한 거죠. 그런데 초기에는 수공예 방식으로 만든 유리구슬이었기 때문에 상류층에서나 볼 수 있었습니다. 산업이 발달하고 대량생산이 가능해지기 시작한 후에야 대중적으로 보급되기 시작했습니다. 최초의 대량생산은 1884년 미국 오하이오 주의 아크론 토이 회사The Akron Toy Company에서 시작되었습니다. 전통적인 수공예 생산방식에서 벗어나 대량생산이 가능한 시스템으로의 기술 혁신은 유리구슬을 일반 가정에까지 유통할 수 있게 했습니다. 현재 아크론 토이 회사의 명맥은 미국마블장난감박물관American Toy Marble Museum이 이어가고 있는데요. 해마다 '세계 어린이 구슬치기 대회'를 열어 1등 당선자에게 디즈니 월드 투어권도 증정한다고 하네요.

좋은 디자인은 내일을 바꾼다

구슬치기를 경험했던 '어린이'들은 어른이 되어 구슬 수집가가 되기도 하고요. 전문적인 구슬 감정가 혹은 아름다운 유리구슬을 만드는 디자이너나 유리 공예가가 되기도 합니다. 작은 유리구슬 하나에 담긴 무한한 가능성처럼 놀이는 인간을 현실과는 먼 상상의 세계로 이끌고, 그 상상의 세계가 다시 현실이 되는 세계를 꿈꾸게 합니다.

꿈꾸는 사물인 장난감은 예술가들의 상상력을 북돋워 독창적인 문학과 예술을 생산해내는 도구가 되기도 했는데요. 덴마크의 동화 작가 안데르센Hans Christian Andersen은 종이접기와 종이를 잘라 모양을 만드는 페이퍼커팅 기술이 아주 뛰어났다고 하지요. 그는 발레리나, 가면, 사신의 머리가 뒤섞인 놀라운 페이퍼커팅 기술과 이야기를 엮어 아이들을 신비한 동화 속 나라로 인도하곤 했습니다. 영국의 작가 메리 셸리Mary Shelley의 대표적인 소설《프랑켄슈타인》도 중세 프랑스의 왕과 귀족들이 가지고 놀던 자동인형에서 영감을 얻은 것입니다. 오토마타automata라고 부르는 이 자동인형은 시계 제작 기술이 발달하던 시기에 기계의 부속인 태엽과 톱니가 점점 작아지면서 작은 인형 안에도 넣을 수 있게 되며 전성기를 구가했습니다. 예술과 과학 그리고 인간의 상상력이 융합되어 탄생한 이 결과물은 로봇의 전신이기도 합니다.

장난감은 인류가 드넓은 땅에서 생존을 위해 자신과 세상을 탐색하고 이해하기 위한 매개물이 되어왔습니다. 작은 놀이 도구 하나에서 시작된 탐험은 끊임없는 창작의 세계로 이끌었습니다. 그러다 보니 유희적 인간의 충동이 위기의 순간을 불러오기도 합니다. 어쩌면 먼 미래에는 스필버그 감독의 판타지 영화 〈에이 아이〉(2001)의 세상이 현실이 될 수도 있지 않을까요? 온실가스로 인해 지구의 많은 부분이 물에 잠기게 되자 좁아진 삶의 터전을 차지하기 위해 인구의 수를 억제하게 되고, 그 결과 줄어든 노동력을 해결하기 위해 로봇에 의지하는 현실 말입니다. 자동화 시스템이 인간의 일자리에 미치는 영향을 연구한 미국 포레스터 연구소에 따르면 '2025년이 되면 자동화·로봇화로 인해 미국에서만 2270만 개의 일자리가 사라진다'고 하지요. 만일 우리가 상상을 멈추고, 다가오는 환경에 순응한다면 영화 속 세상은 현실이 될지도 모르겠네요.

미래전략가들은 향후 몇 년 안에 어쩌면 직업의 일부가 로봇으로 대체될 것이라는 부정적 전망을 내놓지만, 그런 어두운 미래를 방지하기 위한 긍정적인 전략도 동시에 내놓습니다. 혁신가 데이비드 리David Lee는 직업 없는 미래를 방지하는 데 가장 중요한 것은 '인간을 인간답게 만드는 것은 무엇인지 재발견하는 것'이라고 말합니다. 그의 말마따나 인간은 언제나 새로운 문제에 직면했을 때 상상

좋은 디자인은 내일을 바꾼다

력과 창조성을 동시에 발휘하여 문제를 해결하고 새로운 기회를 찾는 훌륭한 능력을 지녔습니다. 인간이 기계와 구분되는 가장 중요한 부분은 영화 〈에이 아이〉 속 로봇 세계에서도 해결하지 못했던 것, 바로 상상하는 것입니다. 하위징아는 우리가 '문화'라고 부르는 대부분의 것들은 놀이하는 인간인 우리, '호모 루덴스의 충동이 만들어낸 산물'이라고 말합니다. 호모 루덴스인 우리는 상상할 수 있기에 생존과는 별개로 삶에서 즐거움을 찾고, 행복한 삶을 위한 도전을 멈추지 않습니다.

혁신을 추동하는
메이커 운동

결핍은 혁신을 추동합니다. 지구 생태계의 순환을 위해 디자이너들은 흩어진 자원을 모으고, 유용성을 최대한 끌어올릴 수 있는 혁신적인 방법을 찾아내려 애씁니다. 설령 쓸모없는 자원이라 하더라도 잠재된 사용 가치를 발굴해냅니다. 만약 쓰레기로 남을 것들이 일상에 풍요로움을 제공하고 수익까지 창출할 수 있다면 어떨까요? 또는 부족한 자원을 보충하기 위해서 쓰임새가 낮은 자원의 활용도를 높일 수만 있다면 자원의 고른 배분과 순환이 이루어지지 않을까요? 오늘날 우리가 편리하게 사용하는 플라스틱이나 합판과 같은 가공된 소재들은 생산의 과정에서 생겨난 부산물을 처리하거나 부족한 자원을 보충하기 위한 해결책들이었습니다.

고대 이집트인들이 발견했다는 합판plywood은 얇은 목재판을 서로 붙여 만든 것인데요. 원래는 품질 좋은 원목의 수요에 대응하기 위해 질 낮은 원목 위에 질 좋은 목재의 얇은 판을 붙여 공급한 것이었습니다. 합판은 얇은 나무 판을 겹겹이 붙여 만들기 때문에 원목에 비해 가볍지만 강도가 세고, 유연하며 성형이 쉽다는 재료적 특성을 갖는데요. 단순한 도구를 사용해서 비교적 저렴하게 생산할 수 있기 때문에 비행기에서부터 가구, 건축 자재 및 수공예품에 이르기까지 굉장히 넓은 영역에 포괄적으로 사용되어 왔습니다.

소재로서 합판의 혁신성은 전쟁 중에 비행기의 제작에 널리 사용되면서 알려지기 시작했습니다. 강철과 강도가 비슷하면서도 무게는 3분의 1에 불과한 두랄루민Duralumin이 실용화되기 이전까지 합판은 비행기의 혁신 소재로 사용되었습니다. 비행기는 사람과 화물을 싣고 높은 고도에서 빠르게 비행하는 것이 특징이지요. 그런데 이와 같은 조건에서 비행이 안전하려면 우선 기체가 최대한 가벼우면서도 힘에 저항하는 강도가 세야 합니다. 외부의 압력에도 본래의 성질이 변하지 않고 강해야 하기 때문에 탄성도 있어야 하고요.

과거의 비행기 제작은 내부에 뼈대를 세우고 외부를 동체가 감싸는 트러스 구조였는데요. 내구성도 약하고 유선뼈대 형태로도 제작하기 어려워 속도를 내기도 쉽지 않았죠. 세미 모노코크, 즉 동체의 중심이 되는 둥근 뼈대와 뼈대 사이사이를 여러 개의 얇은 합판 들로 뒤덮는 방식이 도입되면서 튼튼하면서도 유선형 기체로 외형 제작이 가능해졌습니다.

전시 중 폭발적으로 증가한 물자와 기술들은 전후에는 일상으로 자연스레 보급되기 마련인데요. 합판은 유선형을 뽐내는 기차와 자동차, 배, 서핑 보드 등과 같은 운송 수단에 적극적으로 쓰이기 시작했습니다. 가격이 저렴하고 생산 공정이 단순한 것이 또 하나의 장점이다 보니 의자에서부터 여행용 가방, 재봉틀에 이르기까지 일상으로의 침투도 빨랐습니다. 나무 판을 자유롭게 구부려 모양을 만들 수 있다는 장점 때문에 알루미늄이나 금속으로 제작하는 것보다 저렴하게 가구를 제작할 수도 있었습니다. 더군다나 대량생산된 합판은 가정에서도 간단한 도구를 이용해서 쉽게 성형할 수 있기 때문에 전쟁으로 피폐해진 환경에서 자급자족이 가능한 소재이기도 했습니다. 이처럼 수십 년 동안 산업은 물론이고 일상에까지 폭넓게 사용되어온 합판은 메이커 운동의 영향으로 제2의 전성기를 맞이하고 있는 듯합니다.

메이커 운동은 '오픈소스 제조업 운동'으로 메이커Maker 즉, 필요한 것을 스스로 만드는 사람들이 서로 방법을 공유하고 확산시키는 활동을 말합니다. 메이커 운동의 선구자인 마크 해치Mark Hatch는 그

좋은 디자인은 내일을 바꾼다

의 책《메이커 운동 선언》에서 메이커를 일컬어 '발명가, 공예가, 기술자 등 기존의 제작자 분류에 얽매이지 않고 다양한 기술을 응용해서 만들기 활동을 하는 사람들'이라고 표현하기도 했습니다. '상상력을 가진 사람'이라면 누구나 무언가를 만들 수 있고 메이커 운동에 동참할 수 있습니다. 합판과 같이 비교적 다루기 쉬운 소재들은 메이커들에게 아주 좋은 소재가 되죠.

하지만 부족한 나무의 수요를 충당하기 위해서 착안해낸 합판의 가능성이 오히려 산림 파괴의 주요 원인인 불법 벌목을 부추기기도 합니다. 한국도 불법으로 벌목된 나무로 만든 합판을 소비하는 비율이 높은 나라로 알려져 있으니 안타깝습니다.

우리가 사는 이곳은 복잡한 구조로 얽혀 있습니다. 지구상에는 환경문제, 자원부족, 동물들의 멸종위기, 지구온난화 등 엄청나게 많은 위기 상황들이 있고, 거기에는 연계된 문제들도 존재합니다. 복잡하게 연결된 문제들 중 하나가 해결되면 새로운 문제가 생겨나면서 세상의 구조는 조금씩 바뀌어갑니다. 때로는 의도치 않은 결과도 만듭니다. 합판이라는 소재의 유용함이 산림 파괴라는 엄청난 문제를 야기하듯이 말입니다.

이와 같은 환경적 이슈로 인해서 합판의 사용에도 다양한 변화들이 일고 있습니다. 합판과 유사한 원리의 작업으로 이루어진 엔지니어링 우드, 이를테면 목재를 가공할 때 나오는 작은 목재 조각들로 만든 파티클보드PB 등과 같은 재활용 소재를 사용하여 지속 가능한 디자인의 방법을 모색하는 사례도 늘고 있습니다. 한편으로는 자원 낭비를 최소화하기 위해 제작의 방식에 변화를 주는 아이디어도 속속 등장하고 있습니다. 오픈데스크Opendesk라는 회사가 온라인을 통해 출시한 에디 의자Edie stool는 분산 제조 방식으로 제작됩니다. 누구나 설계 도면을 다운받을 수 있도록 온라인상에 표준화된 설계 도면을 업로드하여 웬만한 목공소에서도 어렵지 않게 동일한 의자를 만들 수 있습니다. 그렇게 되면 제작비와 운송비를 포함하여 유통 과정에서 발생하는 부차적인 비용도 줄일 수 있습니다. 국내 디자이너의 놀라운 사례도 있는데요. 가구 디자이너 문승지는 디자인 단계에서부터 쓰레기를 최소화할 수 있도록 설계하여 세계적인 주목을 끌었습니다. 합판 한 장으로 버려지는 나뭇조각 없이 완성되는 의자인 포 브라더스Four Brothers는 합판의 강점을 이용하면서도 생산 과정에서 불가피하게 발생하는 폐기물을 만들지 않고 아름다운 디자인을 만들어낸 혁신 사례로 평가 받으며 새로운 가능성을 열었습니다.

디자인은 언제나 세상이 요구하는 변화의 흐름 속에서 도전과 기회를 동시에 마주합니다. 부족함에서 오는 결핍은 수많은 혁신을 일궈냈지만, 그로 인한 문젯거리도 야기했고 때로는 실패를 겪기도 했습니다. 하지만 이를 기회로 삼아 다시 디자인할 방법을 찾고 또다시 문제를 해결하기도 했습니다. 실패라는 경험이 없었다면 다시 도전할 기회도 없었겠지요. 실패가 계속되는 한 디자인을 향한 혁신도 계속되지 않을까요? 우리들처럼 말입니다.

업사이클 디자인의
가능성

쓰레기 배출 문제로 온 나라가 시끄럽습니다. 쓰레기 중에서 분리수
거를 하더라도 재활용이 되지 않는 것은 소각하거나 매립하는데요.
소각 과정에서 엄청나게 많은 공해 물질이 배출되고, 매립을 하더라
도 썩거나 분해되려면 최소 5년에서 몇백 년까지 걸리기도 합니다.
심지어는 완전히 분해되지 않는 것들도 있습니다.

쓰레기를 사용하는 방법을 아는 일은 그것을 배출하는 것 이상
으로 중요합니다. 생각해보면 쓰레기 문제에 걱정은 많지만 우리가
일상에서 쓰레기를 아끼는 일을 얼마나 실천하고 있는가를 묻는다
면 딱히 할 말이 없습니다. 고작해야 음식물 쓰레기와 나머지를 분

좋은 디자인은 내일을 바꾼다

리하는 정도죠. 그 자체도 참 귀찮은 일이 아닐 수 없습니다. 그렇다면 쓰레기 문제를 어렵거나 귀찮다고만 여길 것이 아니라 쓰레기를 분리수거 하는 행위에서부터 그것을 다시 사용하는 과정에 재미를 더할 수는 없을까요?

그중 한 가지 방법이 업사이클upcycle입니다. 폐기물을 재활용하는 방법에는 두 가지가 있는데요. 다운사이클downcycle과 업사이클이 그것입니다. 폐기물을 다시 활용하기 위해서 물리적, 화학적 공정을 거치는 것이 다운사이클이라면, 개선한다는 의미의 업그레이드upgrade와 재활용recycle의 합성어인 업사이클은 폐기물을 파쇄하거나 분해하지 않고 그대로 활용해서 새로운 사용 가치를 낳는다는 '새활용'의 의미를 갖습니다.

예를 들어 다운사이클이 다 사용한 빈 병이나 인쇄물들을 잘게 분해한 다음 재활용 컵이나 종이 등을 만드는 경우에 속한다면, 업사이클은 유리병이나 입다 버린 옷, 쓰다 남은 건축 자재 등의 쓸모없는 물건들을 재활용해서 새로운 형태의 옷이나 가방, 소품 등을 창조하는 것입니다. 낡은 가죽 가방을 잘라 작은 파우치나 지갑을 만들거나, 낡고 오래된 소파에 버리기 아까운 옷이나 커튼 등을 덧대 새로운 가구로 탈바꿈시키는 것 모두 업사이클 디자인의 사례라고 할 수 있습니다. 이처럼 생산 과정에서 많은 비용의 발생이나 또 다른 오염을 낮추는 대신 생산자의 창조적 아이디어를 통해 새로운 사용을 만들어내는 것이 업사이클의 가장 기본적인 원리라고 할 수 있습니다.

경우에 따라서는 업사이클링도 폐기물의 소각이나 매립만큼이나 많은 비용이 발생하는 것도 사실입니다. 하지만 한번 사용한 물건을 다른 방식으로 변화시켜 지속적인 사용을 만들 수 있다는 장점 때문에 많은 아이디어들이 조금씩 세상에 빛을 주고 있습니다. 이미 세계적인 명성을 얻고 있는 가방 브랜드 프라이탁Freitag은 업사이클 디자인에 대한 선입견에서 벗어나 상업적인 가능성을 입증한 기업입니다.

1993년에 스위스의 그래픽 디자이너인 프라이탁 형제에 의해서 개발된 프라이탁 가방은 생활의 필요에 의해 생긴 우연한 탄생이었습니다. 두 형제는 취리히의 교외에 살면서 늘 자전거로 출퇴근을 했는데요. 그곳의 날씨 탓에 방수성이 뛰어난 가방이 필요했다고 해요. 그러다 그들의 눈에 띈 것은 방수 천으로 덮힌 트럭이었습니다. 이들은 폐방수천을 재활용해 가방을 만들기 시작했습니다. 가방 본체의 소재는 폐방수천이고요. 어깨끈은 자동차의 안전벨트를 이용했습니다. 프라이탁의 가방은 수거한 폐방수천의 원형을 그대로 활용하기 때문에 똑같은 디자인은 단 하나도 없다는 것이 특징인데요. 뭐든 하나밖에 없기에 개인의 선택에 따라 독자적인 취향을 드러낼 수 있는 거죠. 세상에 단 하나밖에 없다는 브랜드의 차별성과 폐

좋은 디자인은 내일을 바꾼다

| 업사이클 브랜드 프라이탁

폐방수천과 쓸모없는 자동차 안전벨트, 자전거 타이어 등을 재활용하여 만든 가방 브랜드. 내구성이 뛰어날 뿐만 아니라 세상에 하나뿐인 독특한 디자인으로 업사이클 디자인의 가능성을 열었다.

방수천의 내구성, 그리고 환경을 고려한 생산에 대한 자부심까지 더해져 프라이탁은 전 세계 많은 소비자들에게 사랑받고 있습니다. 한 해 20만 개 이상의 제품이 판매되고 있다고 하는데요. 거기에 쓰이는 폐방수천은 약 200톤에 달한다고 해요. 잘 만든 업사이클 브랜드 하나가 얼마나 많은 환경적, 경제적 이득을 가져올 수 있는지 보여주는 사례라고 할 수 있습니다.

업사이클 디자인은 1인 창작자들도 충분히 시도해볼 만하다는 점이 가장 큰 경쟁력입니다. 재료의 구입이나 제작에 큰 비용 없이 아이디어와 손기술만 있다면 얼마든지 자원 순환에 보탬이 되는 디자인을 누구나 창작할 수 있습니다. 유리 공예가 박선민은 쓰임을 다한 유리병들을 재활용해 작은 촛대와 식기를 만듭니다. 수거한 병들을 모아서 원하는 모양으로 자르고 다듬은 후 서로 다른 병들끼리 정교하게 접착하지요. 합쳐진 병은 새로운 형태가 되어 또 다른 쓰임도 얻고요. 만든 이의 개발 스토리로 즐거운 대화 시간을 이어갈 수도 있습니다.

한 통계에 의하면 '지난 반세기 동안 전 세계 인구는 50%밖에 증가하지 않았지만 자원의 소비량은 1000%나 증가했다'고 합니다. 이 통계는 자원의 소비가 인구의 증가와 비례적으로 증가하지 않음을 보여줍니다. 과잉 생산된 자원 그 자체만의 문제는 아니라는 것

좋은 디자인은 내일을 바꾼다

이죠. 생산과 소비를 순환적으로 행하지 않는 우리들의 태도에도 문제가 있습니다. 폐기된 유리병으로 만든 촛대나 폐방수천으로 만든 가방은 평소 관계 맺어온 물건들을 다시 돌아보게 하고 새로운 가치를 발견하게 합니다.

업사이클 디자인은 자원의 지나친 낭비를 줄이기 위해 생산과 소비를 감축하자거나 자원을 재활용하기 위해 사회 시스템을 바꾸자는 식의, 당장 시행하기 어려운 대안을 제시하는 것이 아닙니다. 지구 환경을 위해서 개인이 할 수 있는 작은 일들을 찾고, 그 실천들이 모여 보다 나은 환경을 만들 수 있다는 희망을 제시하는 것이죠. 결국 그 희망이 실천을 이끄니까요.

멕시코의
빗물을 파는 가게

고대 그리스의 철학자들은 세상을 이루는 근본 물질이 물, 불, 공기, 흙이라는 4원소 조합으로 이루어졌다고 믿었습니다. 오늘날 이 믿음은 폐기되었지만, 여전히 물은 세상의 만물을 이루는 데 없어서 안 될 가장 중요한 물질로 여겨집니다. 네 가지 원소 중에서도 물에 대한 숭배 의식은 상당했는데요. 최초의 철학자로 불리는 고대 그리스인 탈레스Thales가 "만물의 근원은 물"이라고 할 정도였으니까요.

실제로 물은, 체중의 60%가 수분으로 이루어진 인간의 생명을 유지하는 데 매우 중요한 물질입니다. 우리 몸은 최소 2리터 이상의 수분 섭취를 필요로 하는데요. 그렇기 때문에 깨끗한 식수의 확보는

좋은 디자인은 내일을 바꾼다

생존은 물론이고 각종 질병이나 오염으로부터 개인을 보호하는 필수 조건입니다. 물은 생존의 필수품인 만큼 여러 가지 사회 조건에 맞춰서 디자인되어 왔습니다. 특히 생수병은 흙먼지와 각종 오염물질에 그대로 노출될 수밖에 없는 극한의 상황, 이를테면 전쟁 지역이나 난민 지역, 물 부족에 시달리는 낙후된 지역 등에서 발생할 수 있는 각종 질병을 극복하고 순수한 물을 공급하기 위한 귀중한 도구가 되어왔습니다.

일상에서는 어떤가요? 건강을 중시하는 도시 생활자들에게 생수는 어디든 들고 다니는 필수품이자 기호품이 되었습니다. 그러다 보니 생수 판매가 합법화된 1990년대 중반 이후부터는 생수를 생산하고 유통하는 브랜드들의 경쟁이 심화되기도 했는데요. 각양각색의 생수병 디자인도 폭발적으로 증가했습니다. 디자이너의 꿈을 키우는 학생들도 대중의 시선을 사로잡는 생수병을 디자인해보는 것이 장래 희망인 적도 있었으니까요. 수돗물을 마시거나 보리차를 끓여서 보온병에 들고 다니던 생활 습관이 배인 사람들에게 투명한 플라스틱 병에 담긴 생수는 마치 '디자인을 좀 아는 사람' 같은 의식마저 들게 하며 고급 문화권에 슬그머니 안착하기도 했습니다. 어떤 브랜드의 물병을 가지고 다니며, 특별한 날의 식사 시간에 어울리는 생수 브랜드는 뭔지, 그리고 우리 가족은 어떤 물을 마시는지에 따라서 삶을 대하는 태도나 건강에 대한 가치가 다르게 보이기도 했으니까요. 그러다 보니 유명 디자이너들의 디자인 생수가 화제를 모으기도 했습니다. 물이 흐르는 형상을 재현한 티낭트Ty nant의 프리미엄 생수나 에비앙의 미네랄워터, 페리에의 레몬 탄산수 등과 같이 물에 대한 해석과 표현 방식은 사치스러울 정도로 다양했습니다. 적어도 플라스틱 생수병이 초래하는 환경오염의 심각성과 함께 지구의 가장 중요하고 귀중한 자원의 비용을 상승시키기는 원인이 된다는 문제 의식이 퍼지기 전까지는 말이죠. 물은 유구한 역사 속에서 개인의 라이프스타일을 반영해온 문화 자원이기도 하지만, 누구나 마땅히 누려야 할 자연 자원이기도 합니다.

전 세계적으로 볼 때 물 부족 문제는 여전히 심각한 수준입니다. 지난 2017년 세계보건기구WHO가 조사한 통계 자료를 보면 세계 인구의 53억 인구에 해당하는 71%만이 안전하게 관리되는 식수 공급 서비스를 사용하고 있다고 해요. 약 20억 명의 사람들은 오염된 음용수를 사용합니다. WHO는 2025년까지 전 세계 인구의 절반이 수질 악화 지역에 살게 될 것이라는 불안한 전망을 내놓았는데요. 이제는 물의 고급화에 앞장서기보다는 물 부족과 수질 오염을 해결할 수 있는 가장 기본적이고 필수적인 개선 방안을 마련하는 것이 급선무가 되었습니다.

물 부족 현상이 심각한 나라 중 한 곳은 멕시코입니다. 인구 증가로 인한 물 부족 현상이 심해지면서 지하수를 과다 사용한 것도 물 부족 현상을 악화시킨 주요 원인이 되었다고 합니다. 인구의 5분의 1가량이 일주일에 단 몇 시간 동안만 수도를 사용할 수 있다고 해요. 약 400만 명의 사람들은 하루에 정해진 시간에만 수도를 사용할 수 있습니다. 인구수 2,100만 명에 이르는 멕시코시티도 이미 오래 전부터 심각한 물 부족 현상을 겪어왔습니다. 멕시코시티는 현재 상당량의 물을 외부에서 공급받고 있는데요. 폐수를 재활용할 수 있는 시설조차 제대로 갖추고 있지 않아 재생수 활용에도 어려움을 겪고 있습니다.

이와 같은 환경에 처한 멕시코시티의 한 지역에서는 이 문제를 전통적인 물 수급 방식으로 해결했습니다. 지구에 존재하는 작은 물방울들은 낮 동안 햇살을 받으면 수증기가 되어 하늘로 올라갑니다. 이 물방울은 차가운 공기와 만나 안개가 되고, 더 높이 올라가면 구름이 되는데요. 구름 속의 작은 물방울들이 모여 빗물이 되고 다시 땅에 떨어집니다. 그렇게 빗방울은 세상 곳곳에 스며들어 지구상의 생물들이 살아가는 데 가장 기본적인 에너지를 제공합니다.

카사 델 아구아Casa Del Agua는 지붕으로 떨어지는 빗물을 식수로 전환하여 판매하는 프리미엄 워터바인데요. 빗물을 마실 수 있는 상태로 전환하기 위해서 총 세 단계의 증류수 정제 과정을 거친다고 해요. 정제의 과정이 끝나고 나면 재사용 가능한 유리병에 담아 마시는 물로 제공됩니다. 땅속으로 스며든 빗물을 정제하여 만든 이 물은 '지역 물El Agua Local/Local water' 또는 '이웃De Barrio/neighborhood' 이라는 이름으로 불립니다. 이 지역에 떨어진 빗물들은 이곳에 함께 살고 있는 모든 생명체를 지탱해주는 제일 가까운 이웃이기도 하니까요. 이곳의 공간 브랜딩은 멕시코 출신의 디자이너 헥터 에스라위 Hector Esrawe와 협업하여 진행했는데요. 정제된 물은 재사용이 가능하도록 제작된 유리병에 일반 생수처럼 담아 원하는 각 가정에 박스로도 공급합니다. 카사 델 아구아는 빗물을 받아 마시는 행위를 통해 생명 에너지를 공급해온 자연의 소중함을 다시 일깨우고, 물 부족과 수질 문제를 해결하기 위한 인간의 노력을 촉구하는 메시지를 전하고 있습니다.

멕시코는 빈부격차가 심한 나라 중 한 곳입니다. 그러다 보니 자선 단체의 활동도 비교적 활발한 편이고요. 사회적 디자인에 관심을 기울이는 디자이너들도 많이 배출하고 있습니다. 프리미엄 제품을 만든다고 하더라도 단지 소수의 상위 계층만을 위한 것이 아니라 보편화될 수 있는 지속 가능성에 가치를 두는 경우도 많습니다. 카사 델 아구아의 물 공급 방식도 마찬가지입니다. 지금은 넉넉한 사람들을 위한 특별한 보급 방식일 수도 있지만, 빗물을 국가나 지역 차원에서도 활용 가능하다는 제안만으로도 보다 많은 사람에게 혜택이

| 스페인어로 '물의 집'이라는 뜻을 가진 멕시코시티의 프리미엄 워터바 카사 델 아구아(Casa Del Agua), 빗물을 정제하여 판매하는 지역 물로 총 세 단계의 증류수 정제 과정을 거쳐 소비자에게 공급된다.

음용수로 정제한 빗물은 물 부족 국가인 멕시코 출신의 디자이너 헥터 에스라위가 디자인한 유리
병에 담아 일반 가정에도 공급된다.

돌아갈 수 있다는 기대를 품어볼 수 있으니까요.

5장

나중에 올 사람들을
위하여

세상을 변화시키는
공공의 힘

공공미술은 대중을 위해 공공장소에 설치된 미술을 말합니다. 도시
의 공원에서 볼 수 있는 환경조각이나 벽화 등이 이에 해당됩니다.
과거에는 공공미술이 공공장소의 환경을 개선하는 데 주로 활용되
었는데요. 하나의 장소를 단지 물리적인 공간으로 보았기 때문이죠.
새로운 공공미술은 사람들이 소통하고 공유하는 열린 장으로 장소
를 인식합니다. 사회 문화적인 이슈나 지역 사회의 문제들에 대해서
공론화하기 위해서 특정 장소에 작품을 설치하기도 하고요. 공공 디
자인의 설계 시 지역공동체를 활성화하거나 대중들의 참여를 유도
하기 위해 다양한 예술이 활용되기도 합니다. 쉬운 예로 거리의 벽

좋은 디자인은 내일을 바꾼다

화를 들 수 있겠네요. 페인트와 붓만 있으면 누구나 참여할 수 있는 벽화 그리기는 효과적인 방법 중 하나입니다.

서울 동대문의 DDP플라자나 공원, 지하도 등에서 볼 수 있는 거리의 피아노 캠페인도 공공미술 프로젝트 중 하나인데요. 이는 영국의 설치미술가 루크 제람Luke Jerram이 'Play me I'm yours'라는 이름으로 뉴욕의 타임스퀘어 광장을 비롯해 인근 공공장소에 60여 대의 피아노를 설치한 것으로 시작되었습니다. 이 프로젝트는 대중들의 적극적인 참여를 유도하여 공간을 활성화하려는 것을 목적으로 합니다. 피아노를 연주할 줄 아는 누구든 프로젝트의 참여자가 될 수 있고요. 관람자들과 함께 음악으로 소통할 수 있습니다. 이처럼 모두가 사용하는 장소나 공유 지역의 담벼락과 같은 시설물들은 공공 소유물이기에 모두와 소통하고 공유하는 데 좋은 수단이 됩니다.

최근에는 거리의 볼라드를 공공미술에 활용하는 사례도 늘고 있습니다. 진입로와 보행자 전용 거리, 정부 건물, 공항과 기차역 주변 등 시민들의 이동이 잦은 지역을 중심으로 설치된 볼라드는 원래 차량을 통제하는 용도로 설치되었는데요. 사람들의 안전이 중요해지면서 공격에 대비한 방어선으로 활용되고 있습니다. 뉴욕은 911 테러 이후, 국제 테러리즘에 대비해 기둥이나 시멘트 블록과 간판, 환경 조각물 등을 차량의 불법주차나 진입을 막는 볼라드bollard 용도로 사용하는 경우가 늘고 있다는 기사를 접한 적이 있습니다. 시민의 안전을 위해 공공 시설물에 불가피하게 취하는 조치입니다. 그러나 이런 조치들에도 불구하고 공공장소에서 지속적으로 발생하는 테러에 수많은 삶이 희생되었고, 남겨진 사람들의 불안감은 가시지 않습니다. 더군다나 안전을 최우선으로 삼아야 할 사회가 구축하고 있는 안전장치들은 또다시 발생할지도 모를 테러의 불안감을 불러일으키며 시민들에게 심리적 부담감을 가중시키기도 합니다. 그뿐만이 아닙니다. 볼라드는 도시의 미관을 해치고 보행에 지장을 초래하는 장애물이 되기도 합니다. 안전을 위해서 늘어나는 숫자만큼이나 불편함도 커지고 있습니다. 안전과 불안전의 신호를 동시에 보내는 볼라드는 필요악이 될 수밖에 없는 걸까요?

문제를 개선하기 위해 최근에는 볼라드가 시민의 안전을 확보하면서도 도시에 활기를 주는 공공 시설물로 발전하고 있습니다. 볼라드의 형태에 따라서 인물들의 얼굴을 형상화하기도 하고요. 의자처럼 낮고 평평하게 만들어 행인들이 앉을 수 있도록 디자인하는 경우도 있습니다. 또 어떤 볼라드는 통학로 주변 차량의 진입은 막되, 어린이들이 안전하게 공간을 즐길 수 있도록 놀이기구의 쓰임새를 담기도 합니다. 필요에 의해서 그 기능과 용도가 변화되고 있는 볼라드는 공공미술의 영역까지 폭넓은 관심의 대상이 되고 있는데요. 프랑스의 예술가 제니퍼 아베시라Jennifer Abessira가 런던 디자인 페스티

좋은 디자인은 내일을 바꾼다

| 시민의 안전을 위해 설치된 볼라드.

벌 기간 중에 진행한 볼라드 아트 프로젝트가 인상적이었습니다. 지난 2017년 영국에서는 한 차량이 런던 브릿지와 버러 마켓을 공격해 여러 명의 희생자를 남긴 테러가 발생했는데요. 테러가 일어나기 전부터 계획되었던 런던 브릿지 플랜London Bridge Plan 역시 차질을 빚을 수밖에 없었습니다. 런던의 교통 중심지 역할을 해온 이곳은 2018년 전국 철도가 연결되면서 지역과 문화를 연결하는 허브로서의 재탄생을 앞두고 있었습니다. 그런 시점에 발생한 테러는 이곳을 우울함에 빠뜨렸습니다. 그럼에도 불구하고 재건의 의지는 사그라지지 않았습니다. 그런 움직임은 72개의 볼라드를 이용한 공공미술 프로젝트에서 드러났습니다.

제니퍼는 사진과 기호를 조합한 멋진 볼라드 아트를 보여주었습니다. 런던 디자인 페스티벌 기간 중에 공개된 이 볼라드 아트는 출퇴근 시간에 런던 브릿지를 오고가는 런던 시민들을 응원할 목적으로 설계되었다고 합니다. 볼라드에 입혀진 이미지들은 다문화 도시인 런던의 과거와 오늘을 담았습니다. 낡은 흑백 사진 속 런던 거리의 하늘을 핑크색으로 칠하거나 빨간 이층 버스가 지나가는 런던 브리지 위로 밝은 노란색의 선들을 조합하여 경쾌한 리듬을 주기도 했습니다. '두 번 생각하지 마라Don't think twice'라는 프로젝트의 이름은 더 흥미롭습니다. 테러라는 비극적인 상황에 더 이상 슬퍼하지 말고 오늘 이 순간의 기쁨을 누리라고 말하는 같습니다. 점점 더 나아질

좋은 디자인은 내일을 바꾼다

거라고, 괜찮다고. 형형색색의 볼라드 아트는 희망찬 위로를 건넵니다. 예술이 된 볼라드는 사람들이 위협적인 세상을 극복하고 더욱 안전하고 나은 환경을 만들어 가는 데 힘을 모을 것을 독려합니다. 어쩌면 미래의 누군가는 안전장치인지 예술작품인지 모를 말뚝을 보며 말할지도 모르겠네요. 과거의 사람들은 늘 최악의 상황 속에서도 희망을 잃지 않았기에 지금 이 순간, 우리가 존재할 수 있는 것이라고 말입니다.

과정이 아름다운
디자인

'과정이 좋으면 결과가 좋다'는 말이 있습니다. 물건을 만드는 사람의 마음이 즐거워야 좋은 물건을 만들 수 있고 그 물건을 사용하는 사람의 마음도 즐거울 수 있다는 이야기로 바꿔 말할 수 있겠네요. 실제로도 그렇습니다. 즐거운 마음으로 만든 물건은 어딘가 모르게 기분이 좋습니다. 만든 이의 유쾌함이 그대로 전달되는 느낌이랄까요? 삶의 지혜가 돋보이는 디자인에는 그 과정이 참으로 아름다운 경우가 많습니다. 엔조 마리의 디자인도 그런 경우입니다.

스물한 점의 도자기로 구성된 사모스 컬렉션Samos Collection은 근로자의 작업 환경을 고려한 디자인이었습니다. 이 컬렉션은 엔조 마

좋은 디자인은 내일을 바꾼다

리가 도자기 공장에서 일하는 사람들의 작업 환경을 본 후 만들어졌다고 합니다. 1970년대 도자기 공장의 작업 환경은 생산의 단계별로 분업화되어 생산의 효율성을 높이기 시작했는데요. 그 당시만 해도 자동화 기술에 의한 생산 설비가 제대로 갖춰져 있지 않았기 때문에 기계가 할 일도 사람이 해야 했습니다. 도자기 직공들은 거의 모든 생산의 단계마다 투입되었었죠. 어떤 작업자는 온종일 반죽을 하고, 어떤 작업자는 석고 틀에 흙물을 붓거나 굳은 흙을 빼내는 정도의 단순한 일로 하루를 마감했습니다. 그 누구도 완성되어가는 과정을 경험할 수 없었고, 마감 단계의 작업자가 아니라면 완성된 물건을 볼 수도 없었습니다. 정해진 규칙에 따라 단순하고 의미 없는 일들을 반복할 수밖에 없는 환경이었습니다.

마리는 물건을 만드는 과정에서 얻게 되는 성취감과 그로 인한 노동의 기쁨을 작업자들이 느끼게 하고 싶었습니다. 사모스 컬렉션은 반죽을 밀어서 조각을 이어 붙이거나, 가늘고 길게 늘어뜨린 반죽을 말아 붙이는 등의 방식으로 만든 그릇입니다. 작업자의 창의적인 손놀림에 따라 다양한 형태의 도자기가 만들어지고, 그렇게 의도한 것으로 보이게끔 설계한 디자인이었죠. 철저한 분업화를 통해 생산의 효율성을 따지는 당시의 생산 환경에서 마리의 기획은 산업사회가 원하는 디자인 생산방식과 뜻이 같을 순 없었을 겁니다. 하지만 디자이너가 미처 고려하지 못했던 부분을 환기시키며 디자인계에 조용하지만 묵직한 파장을 일으켰습니다.

그는 이 프로젝트 이후에도 대리석이나 철, 유리 분야의 작업 환경이 열악한 작업자들과 장인들을 위해서 즐겁게 만들 수 있는 디자인을 출시하였는데요. 사모스 컬렉션처럼 노동에서 기쁨을 얻을 수 있는 디자인을 생각하기도 했지만, 노동으로부터 자유로울 수 있는 디자인을 구상하기도 했습니다. 재떨이와 사무용품 등을 올려놓을 수 있는 트레이 등으로 구성된 푸트렐라putrella 시리즈는 철재 제품의 형태를 만들기 위해 반드시 거쳐야 하는 용접의 과정을 과감히 생략한 디자인입니다. 철을 소재로 만든 제품들은 반드시 용접의 과정을 거치는데요. 이때 용접 흔적이 남지 않고 깨끗해야 상품성이 커집니다. 작업자들은 제품의 완성도를 높이기 위해서 용접 흔적을 없애고자 꽤 많은 시간 노동을 해야 했고, 그 과정에서 많은 비용이 들기도 했지요. 하지만 푸트렐라 시리즈는 규격화된 건축자재인 철빔의 규칙과 형태의 조형성을 최대한 활용했기 때문에 절단과 간단한 가공만으로도 새로운 기능과 조형미를 살릴 수 있었습니다. 작업 공정도 훨씬 쉬웠고요.

마리는 제품을 개발할 때 디자이너와 기업가, 생산자, 그리고 사용자 어느 한쪽의 편에서 문제를 해결하지 않았습니다. 상품의 기

좋은 디자인은 내일을 바꾼다

획에서부터 유통에 이르는 전 과정에 참여하는 모두가 서로의 입장을 이해하고 배려할 수 있는 환경을 찾으려고 노력했습니다. 사모스 콜렉션이나 푸트렐라와 같은 프로젝트들은 그가 찾은 해결 방안 중 하나였습니다. 에토레 소사스는 이런 마리의 디자인 철학에 대해서 '이상적인 배려심에서 온 디자인'이라고 평하기도 했습니다. 디자인을 둘러싼 환경, 어느 곳도 소홀함이 없이 개선점을 찾으려고 노력했으니까요.

마리는 디자인의 기능이나 미적 가치만을 추구하는 산업 주도의 시장 환경에서 디자인이 추구해야 하는 진정한 가치는 무엇인지 고심했던 디자이너였습니다. 즐거운 세상을 만들기 위해서는 모두가 즐겁게 일할 수 있는 환경이 갖춰져야 한다고 생각했죠. 그것은 그가 꿈꾸는 이상 사회이기도 했습니다.

습관을 바꿀 수 있는 방법

18세기 유럽에서 가장 사치스러운 실내 장식품은 뜻밖에도 이국적인 식물이었다고 합니다. 한순간 활짝 피었다가 시드는 꽃처럼 수명이 짧을수록 값어치가 높고, 보기 드물고 귀해야 '궁극의 럭셔리'가 될 수 있었습니다. 그것이 바로 쉽게 구할 수 없는 이국적인 식물이었던 거죠. 그런데 요즘 유행하는 플랜테리어Planterior를 18세기의 식물 열풍에 비유하기도 합니다. 물론 과장된 표현이긴 하지만 그만큼 최근의 식물 예찬이 유난하긴 합니다.

플랜테리어란 식물plant과 인테리어interior를 합성한 말로, 실내 인테리어에 식물을 적극적으로 활용해서 공기 정화는 물론이고 심리적 안정과 편안함을 주는 공간 연출 방식입니다. 미세 먼지가 사회 문제로 확산되면서 실내를 정화시키는 식물에 대한 욕구가 강해지고 있는데요. 식물을 곁에 두려는 욕구 또한 증가하면서 더욱 확산되는 추세입니다. 자연을 통해 심리적인 휴식을 취하고 싶지만, 당장 도시 생활을 벗어날 수 없는 현대인들에게 식물 인테리어는 훌륭한 선택지가 되어줍니다. 다른 사람에게 방해받지 않고 휴식을 취할 수 있는 자신만의 공간이 필요한 사람들에게 식물이 가득한 공간은 특별한 은신처가 되는 것이죠.

그런 특별한 은신처는 옥상이나 베란다, 거실의 안쪽 구석 같은 자투리 공간에서 탄생합니다. 환경이 여의치 않을 때는 꽃 한 송이를 두고도 소소한 기쁨을 누릴 수 있는 '한 송이 화병'도 많은 인기를 얻고 있습니다. 작은 식물 하나가 주는 싱그러움은 실내 분위기를 돋우니 식물에 대한 수요는 점점 늘어나고 있는 것이지요. 그런 문화적 현상 때문인지 식물을 약처럼 처방해주는 식물 약국도 생겼습니다. '슬로우파마씨slow+pharmacy'라는 이름의 이곳은 감기에 걸리면 병원이나 약국에 가서 처방받듯 사람들의 생활 습관과 환경에 맞는 식물을 처방해줍니다. 약국의 처방전처럼 식물에도 처방전이 있어 식물을 어떻게 키우는지, 또 키우는 동안 어떤 효과가 있는지도 알려줍니다.

한편으로는 유행처럼 번지는 식물 열풍에 몸살을 앓을 식물들이 걱정스럽습니다. 다행히 최근에는 식물을 인테리어 소품이 아니라 인간과 더불어 살아가는 존재로 봐야 한다는 시각들이 늘고 있어 반갑습니다. 식물은 단순히 공간을 꾸며주는 장식의 기능을 넘어 인간의 가치관이나 습관까지도 변화시킬 수 있는 존재니까요. 하지만 식물에 대한 태도를 바꾸기 위해서는 근본적인 인식의 전환이 필요합니다.

가드닝 스튜디오 '파도식물'은 식물과 사람의 역할 바꾸기를 통해서 '다르게 생각하기'를 유도합니다. 사람을 위해 마련된 의자 위에 식물을 올려놓고 식물에게 쉼을 주기도 하고요. 로봇청소기 위에 식물을 올려놓고는 '움직이는 식물'이라고 칭하며 자유롭게 돌아다니게도 합니다. 승강기와 같은 뜻밖의 공간에 식물을 가득 싣기도 하고요. 식물로 꽉찬 승강기 안을 비집고 들어간 승객은 식물의 공간에 침범한 것처럼 조심스럽게 파고들려 애씁니다.

파도식물은 저마다의 이유로 식물을 찾는 사람들만큼이나 사람을 찾는 식물도 있다는 생각에서 스튜디오를 시작하게 되었다고 해요. 파도식물이라는 스튜디오의 이름은 주로 바닷가에서 자생하는 모감주나무의 씨앗에서 영감을 얻은 것이라는데요. 모감주나무의 씨앗은 파도를 타고 전파되는 것으로 알려져 있습니다. 씨앗이 파도의 도움으로 살 곳을 찾고 열매를 맺듯이, 지구상의 인간과 식물의

좋은 디자인은 내일을 바꾼다

관계도 그렇게 맺어졌으면 좋겠다는 마음이 담겨 있다고 합니다.

기후변화와 멸종, 환경오염 등과 같이 인류가 당면한 문제들은 인류에 의한 자연환경 파괴에 가장 큰 원인이 있다고 말합니다. 그로 인해서 지질 상태가 크게 변했고, 지구는 이제 새로운 지질 시대에 접어들었다는 주장도 제기되고 있습니다. 그 증거 중 하나가 인간이 만들어낸 플라스틱과 같은 가공품들이 지층에 쌓여 화석화되는 것이죠. 극단적으로 말해서 시대를 구분하는 지층의 어느 층에는 플라스틱이 가득할지도 모른다는 얘기입니다. 인간이 만들어낸 새로운 시대인 '인류세Anthropocene'입니다. 이와 같은 주장이 채택되기에는 여러 논쟁을 넘어야 함에도 불구하고 전 지구적으로 인류세에 대한 관심이 쏠리는 이유는 우리가 살아가는 곳이 더는 안전지대가 아니라는 것이겠죠. 캐나다의 크리족 인디언들이 남긴 경고와도 같은 격언처럼 말입니다.

"마지막 한 그루의 나무가 베이고, 마지막 강물이 오염되고, 최후까지 살아남은 마지막 물고기 한 마리가 그물에 걸리는 날이 온다면, 우리는 그때야 비로소 돈을 먹고 살 수는 없다는 사실을 깨닫게 될 것이다."

관계를 회복하기 위해서는 전략보다 공감이 우선시되어야 합니다. 파도식물처럼 인간과 자연의 역할 바꾸기를 통해서 서로의 입장을 이해하고 관계 맺기를 유도할 수도 있고요. 슬로우파마씨처럼 현대인의 생활 속에 익숙한 '약국'이라는 콘셉트를 내세워 친근한 방식으로 관계 맺기를 청할 수도 있습니다. 이 모든 디자인 활동은 한순간의 바람처럼 휩쓸고 갈지도 모를 식물 열풍이 서로에게 도움이 되는 문화로 정착되고 자연에 의지하는 우리 자신에게 익숙해지기를 기대하며 시작된 것들입니다.

다가올 시대는 인간이 자연과 더불어 살아가는 환경을 어떻게, 어떤 방식으로 조성하느냐에 따라서 달라질 것입니다. 그리고 우리는 이미 그 변화의 풍경 안에 있습니다. 인간의 편의를 위해 만들어진 물건과 서비스에서 벗어나, 조금 불편하더라도 자연에게 이로울 생활을 만들기 위해 마음을 쓸 준비가 필요합니다.

좋은 디자인은 내일을 바꾼다

실천을 이끄는 디자이너들

몇 해 전 가까운 지인이 멀리 제주도로 삶터를 옮겼습니다. 일러스트레이터인 친구는 그림으로 집을 짓는 것이 취미인데요. 느닷없이 제주도 시골 마을에 작은 터를 마련하고는 전과 다름없이 그림 집을 짓습니다. 처음에는 낯선 환경에 힘들기도 했겠지만, 지난 몇 년 사이 제법 잘 적응했는지 자신과 비슷한 처지의 예술가들과 공동체를 형성하고 작은 전시를 개최하거나 장터에 나가기도 했습니다. 요즘에는 동네 꼬마들의 그림 선생님도 되어주더군요. 도시에서는 누리지 못했던 자연과 동심을 한껏 즐기는 모습이 스스로 그려놓은 그림 속에서 살아가는 것 같은 느낌마저 들게 했습니다.

도시와 도시를 오가다 만나는 디자이너들 중에서도 특정 지역을 기반으로 활동하는 그룹들이 있는데요. 삼삼오오 모여 디자인 스튜디오를 차리고 디자인 활동을 하면서 장터를 열기도 합니다. 작은 세미나, 워크숍 등의 이벤트를 개최해 지역을 알리고, 함께 생활하는 지역민들과 교류하기도 합니다. 잘 알려지지 않은 이웃 공예가나 디자이너가 개발한 상품을 소개하고, 동네 맛집 요리사도 초청해 풍성한 먹거리까지 준비하기도 합니다.

이들처럼 지역 기반의 활동주의자들을 지칭하여 '로컬리스트 localist'라고 부르는데요. 매우 능동적이고 주체 의식도 강하기에 지역 활동가local activist로 칭하기도 합니다. 이들의 목적은 자신을 비롯한 다양한 직업군의 사람들과 소통의 기회를 만들고, 비슷한 취향이나 목표를 공유하며 그들이 추구하는 가치를 함께 현실화하는 것입니다.

새롭게 출현하는 사회적 현상들에 관심이 많은 사회학자나 경제학자들의 최대 관심사 중 하나도 로컬리스트들의 활동인데요. 이들을 '다가올 미래의 새로운 소비자'라고 예측하는 이유에서입니다. 로컬리스트들의 사회경제 활동이 기존의 패러다임 즉, 이 시대에 지배적인 사고 체계를 변화시킬 수 있는 잠재적 가능성을 지녔다고 보는 것이지요. 그도 그럴 것이 트렌드 연구자들이 분석한 로컬리스트들의 가장 큰 특징 중 하나는 '진부하거나 낡았다고 여기는 것들을

　좋은 디자인은 내일을 바꾼다

새로운 시선으로 바라보는 습관'입니다. 그렇기 때문에 주로 대도시라 하더라도 도심의 외곽이나 주변부에서 가치와 의미를 찾습니다.

개인의 삶도 중요시 여기지만, 어느 지역의 전통이나 문화에 관심을 가진 사람들이 모여 공동체를 형성하기도 하고요. 그것을 기반으로 함께 성장을 꾀합니다. 지역 탐구가 취미인 로컬리스트들은 소비자인 동시에 가치를 창출하는 생산자이기 때문에 일상의 행위를 통해서 지역의 제품이나 브랜드의 가치를 알리기도 합니다. 손수 농사를 짓고, 농작물에 지역의 개성과 이야기를 담아 작은 브랜드를 직접 꾸리기도 합니다. 로컬리스트를 자처하는 디자이너들이 늘어가는 것도 그런 이유에서입니다. 공동체가 모이는 지역, 그곳은 '실천'의 장소이자 변화를 이끄는 장소이기에 변화에 민감한 디자이너의 본능이 향하는 것이지요.

다양한 분야에 관심을 가진 지역 활동가들이 늘어나면서 생산한 농작물이며 공예품 등을 파는 장터도 늘어나고 있는데요. 이제는 삶터 가까운 곳에서 주말마다 열리는 장터 풍경도 일상이 되어가는 듯합니다. 전국 곳곳에서 열리는 크고 작은 직거래 장터들은 전문가와 비전문가, 지역과 지역 사이의 경계를 허물고 취향 공동체를 만들어갑니다. 마켓 참여자들도 공예에서부터 디자인, 미술, 패션, 음식, 화훼 등 영역의 구분 없이 누구나 참여할 수 있기에 장터는 다양한 것을 배우고 경험할 수 있는 좋은 학습 장소이기도 합니다.

두 그래픽디자이너가 일상을 살아가는 생활인들에게 '좋은 시각으로 좋은 물건을 제안한다'는 모토로 종로구 연건동에 마련한 티더블유엘TWL, Things We Love은 라이프스타일 셀렉트 숍입니다. 그들의 터전인 연건동과 원남동 일대의 이웃 상점과 함께 모여서 1년에 두 차례 봄과 가을에 '춘우장'과 '만추장'이라는 이름으로 장터를 여는데요. 평소에는 조용한 동네지만, 장이 열리는 날이면 맛과 멋을 풍기며 사람들의 관심을 끕니다. 장터에서는 평소에 아끼던 물건을 만든 이의 얼굴도 보고 이야기를 나누기도 하고요. 정성스레 만든 물건을 구입한 이와 인사도 나누고 교류도 합니다. 디자이너들은 소비자와 직접 얼굴을 마주할 일이 많지 않은데요. 자신의 디자인을 좋아하는 사람을 만나 이야기를 나눠볼 수도 있고, 여러 지역의 쓰임 좋은 물건들을 소비자에게 직접 제안도 할 수 있습니다. 소통 과정에서 사람들의 관심사도 자연스럽게 알 수 있기 때문에 장터는 디자이너들에게 영감의 원천이 되기도 합니다.

미국의 글로벌 리서치 그룹인 제이더블유티 인텔리전스JWT Intelligence가 요즘 소비자들의 취향을 조사한 결과를 발표한 적이 있는데요. 소비자들은 '메이드 인 ○○○'과 같은 국가 이미지가 주도하는 제품이나 글로벌 브랜드보다는 지역 공동체와 연계성을 가진 로컬 브랜드로 이동 중이라는 내용이었습니다. 그런 영향 때문인지,

좋은 디자인은 내일을 바꾼다

디자인 활동도 변화의 국면에 접어들었습니다. 디자이너의 역할이 국가와 기업 중심의 산업 활동에 국한되었던 것에서 지역과 지역 사회 공동체를 돌아보게 하는 쪽으로 변모하고 있습니다. 기업의 디자이너로서 또는 국가나 기업과 협업하는 디자이너로서의 역할도 여전히 중요하지만, 지역의 문화를 활성화하는 문화 운용자가 되어 좋은 생산자와 좋은 물건을 소개하는 마켓기획자라는 새로운 역할이 주어졌습니다. 다양한 문화를 향유하는 방법을 보다 쉽게 알려주는 문화매개자로서의 디자이너 모습도 기대할 수 있게 되었습니다.

'모두가 디자인하는 시대'라고 하지요. 그만큼 디자인은 우리 삶 곳곳에 존재합니다. 일리노이 공과대학교의 교수인 에치오 만치니 Ezio Manzini는 "자신의 존재와 현실에 대한 비판적인 사고를 하고 더 나은 미래를 위한 전략을 고민한다면 디자인 능력을 갖춘 것"이라고 말합니다. 그런 디자인 능력은 우리 모두에게 잠재되어 있다고도 덧붙입니다. 다만, 그 잠재력을 펼칠 수 있도록 계발하는 것이 필요하다는 것인데요. 여기에 전문적인 디자이너의 역할이 있다고 강조합니다. 잠재된 능력을 적절한 환경에서 제대로 발휘하여 더 나은 상황을 만들도록 도움을 주는 것. 그 또한 디자인의 역할이라는 것이죠. 앞으로는 잘 만들어진 디자인 제품이나 서비스 이상으로 소비자의 잠재적 디자인 능력을 계발해주는 디자이너를 만날 기회가 더 많아지지 않을까 싶습니다.

좋은 디자인은 내일을 바꾼다

자율성을 위한
최소한의 디자인

좋은 도시의 조건 중 하나는 지속가능한 개발에 공헌해야 한다는 것입니다. 지속성이 떨어지는 낡은 틀을 부수고 새로운 틀로 다시 바꾸자는 얘기가 아닙니다. 낡고 쓸모없는 자원에 쓰임을 되찾아주고 새로운 자원의 발생 비용을 최소화하면서 운동을 멈춘 장소와 공간들을 재생시킬 수 있는 방법을 찾자는 것입니다. 그런 생각에서 진화한 도시의 형태가 '창조 도시'인데요. 개인의 창조력과 열정이 도시의 재생에너지로 작용합니다. 도시를 회복하고 재가동하는 데 가장 큰 원동력은 물적 자원도 자연 자원도 아닌 인적 자원입니다. 창조 도시에서 좋은 디자인의 기준은 인간에 대한 배려가 얼마나 지속적으로 이루어지고 있느냐로 판가름됩니다.

창조 도시의 사람들은 혁신적인 창작자들입니다. 이들은 부족한
자원은 보존하고 흩어진 자원을 모아 다시 쓰고 낡은 자원은 고쳐
다시 사용합니다. 쓸모를 상실하고 버려진 공장 지대를 유용한 공간
으로 변화시키는 데에도 개인의 창의적 활동은 효과적인 에너지가
됩니다. 네덜란드 암스테르담 누르드Amsterdam-noord 지역 내에 위치
한 엔디에스엠 부두NDSM-Wharf에는 38헥타르, 그러니까 서울 상암
동 월드컵경기장과 비교하면 6배가 훨씬 넘는 엄청난 규모의 조선
소가 있는데요. 이 조선소는 1980년대에 폐업한 이후 그대로 방치
되어 있었습니다. 오랫동안 버려져 손쓸 재간이 없던 이곳이 문화유
산 보호지역으로 지정되면서 재생에 대한 구체적인 고민이 시작되
었죠.

변화의 시작은 한 건축 그룹이 네덜란드 정부가 지원하는 재생
사업의 일환으로 10년 동안 이 지역을 임대받게 되면서 이루어졌습
니다. 거대한 조선소는 지역의 주민들과 디자이너, 건축가를 비롯한
수많은 예술가들이 동시에 힘을 보태 '도시 속의 예술 도시Kunststad'
라는 콘셉트로 복합 문화공간의 가능성을 입증하고 있습니다. 유
럽 최대 규모의 빈티지 마켓도 개최됩니다. 입장료까지 내고 들어가
야 할 정도로 인기가 많습니다. 오래된 크레인을 개조해 만든 호텔

좋은 디자인은 내일을 바꾼다

도 있는데요. 하룻밤에 500유로나 하는 이곳은 올려다보기만 해도 아찔해 스릴을 추구하는 사람들에게 무척 매력적인 곳입니다. 거기에다 바닷가 풍경을 즐기며 식사할 수 있는 레스토랑과 카페, 각종 전시를 볼 수 있는 갤러리도 있고요. 예술가들의 오픈 스튜디오에서는 작업이 한창이고, 저녁에는 음악 공연도 끊이지 않습니다.

이곳에는 약 400여 명의 예술가들이 거주하고 있다고 합니다. 소규모이지만 거주자들의 다양한 활동들이 공간을 다채롭게 가동시킵니다. 엔디에스엠 부두 재생의 핵심은 바로 여기에 있습니다. 창작자들이 이 지역 안에서 거주하며 일도 할 수 있는 새로운 도시형 복합 문화공간을 지향한다는 것입니다. 요컨대, 빈 땅의 개척 의지를 가진 새로운 도시 개척자들에 의해 형성될 생활권이라는 겁니다. 선박 노동자는 물론이고 기업가와 디자이너, 건축가, 예술가 그리고 아이를 둔 젊은 세대나 은퇴를 준비하는 노인 세대 등 서로 다른 층위와 조건의 사람들이 한데 어울려 서로 다른 생활 방식을 존중하면서도 자신들이 살아갈 지역을 개척하며 새로운 거주지의 형태를 만들어가고 있습니다. 기존의 산업 유산과 창의적 활동 그리고 일상생활의 행위들이 결합하여 흥미로운 역동성을 만들어내고 있는 것이죠.

또한 최근에는 지역 재생의 좋은 사례로서 많은 관심을 받고 있습니다. 도시 재생이 정부나 지역자치단체가 먼저 나서서 조직적으로 설계하는 하향식top-down방식에서 탈피했기 때문입니다. 엔디에스엠의 도시 재생은 민간 영역에서부터 자발적으로 참여하여 지역의 필요와 쓸모를 찾아가며 도시의 모습을 구체화하는 상향식bottom-up 방식으로 구축되고 있습니다. 국가 차원에서 도시 전체를 구조화하고 변화를 주기보다는 개인과 공동체 등의 작은 단위들이 나서서 재생의 성공 사례를 만들고, 이러한 사례들이 점진적으로 확산되어 도시 전체의 모습을 변화시킵니다. 이와 같은 방식은 상황에 따라 예측하지 못했던 변화를 맞이할 수도 있고요. 지역민들 간의 생각과 이상도 다르기에 합의점을 찾는 데 오랜 시간이 걸릴 수도 있습니다. 하지만 그런 점진적인 변화들이 지역민들의 생활을 안정적으로 보장해주고, 지역 변화에 주도적으로 참여할 수 있는 동기부여가 된다는 점에서 긍정적입니다.

좋은 도시의 모습은 각자의 마음속에 서로 다르게 존재합니다. 좋은 도시의 진정한 모습은 풍요가 아니라 강제하지 않는 것입니다. 아무리 풍요롭고 좋은 환경이라고 해도 그것을 사용하는 사람들이 만족스럽게 누릴 수 없다면 아무런 소용이 없으니까요. 어떤 삶이든 개인이 만들어가는 삶이 최선의 삶이라는 사실을 존중하는 것이 먼저입니다. 누구나 자신이 원하는 삶을 사회안전망 안에서 자유롭게 꿈꿀 수 있는, 열린 공원과도 같은 도시의 모습은 어떨까요? 보행로가 없는 열린 공원은 자신만의 길을 만들어갈 자유를 허락하니까요. 좋은 도시의 모습은 한 도시에 모인 개개인이 자기만의 꿈을 실현할 동력을 최대치로 끌어올릴 수 있는 환경이 조성될 수 있도록 배려하는 것에서 시작될 수 있습니다. 그러기 위해서는 개인의 의지도 중요합니다. 좋은 것을 좋다고 말하고, 문젯거리는 개선할 수 있는 주체적 의지 말입니다.

우리가 사는 도시에서 시각을 조금 돌려 보면 흩어진 많은 조각이 보입니다. 도시 속에서 살고, 도시와 함께 변화를 겪으면서 덮어버린 과거의 흔적들, 무심히 지나치는 매일의 일상들, 그리고 달성한 혹은 달성하지 못했기에 잊힌 꿈들. 이런 것들은 위대한 건축가나 디자이너도 발견할 수 없는 것들입니다. 도시 속에서 숨 쉬며 매일을 살고 있는 우리만이 찾을 수 있는 것이죠. 우리 동네를 밝고 지속 가능하게 만드는 것은 우리 동네 사진관 아저씨이고, 우리 동네 떡볶이 집 아줌마이고, 그리고 '나'라는 존재이니까요. 그 존재들이 좋은 도시를 구성하는 가장 중요한 조건입니다. 좋은 디자인은 그 모든 조건들을 위해서 충분한 배려를 담은 최소한의 디자인입니다.

디자이너의 디자이너 디터 람스Dieter Rams는 '풍요 속의 비문화적인 것들', 바꿔 말해 인간에 대한 배려가 없는 디자인을 찾아내고, 그것들로부터 벗어나게 하는 것이 디자인의 최우선 과제라고 말합니다. 도시를 움직이는 건 디자인의 배려가 필요한 '모두'이니까요.

좋은 디자인은 내일을 바꾼다

꿈꾸는 사람들을 위한
디자인의 도전

디자인이 꿈꾸는 유토피아는 언제나 '균형 잡힌 세상 속의 자유로운 인간'이었습니다. 그 이상을 실현하기 위해서 지구라는 한정된 공간을 끊임없이 재단하고, 자르고, 조합해왔죠. 미술공예운동The Arts and Crafts Movement의 창시자이자 19세기 가장 영향력 있는 디자이너로 불리는 윌리엄 모리스William Morris가 그의 판타지 소설《에코토피아 뉴스News from Nowhere》에서 묘사한 이상 사회의 인간도 '자유로운 개인'이었습니다. 1890년에 사는 주인공 윌리엄이 꿈속에서 약 250년 뒤인 2150년의 사회를 묘사한 이 소설 속의 사람들은 1800년대 산업사회의 척박한 근로 환경과 노동으로부터 해방되어, 모두가 평등하고 자유로웠습니다. 애석하게도 모리스가 소설 속에서 상상했던 도시는 허구 세계에 머무를 수밖에 없었습니다. 도시화는 이미 급속도로 진전되고 있었으니까요.

새로운 기계 문명의 시대가 화려한 꽃을 피우던 산업사회에서 르 코르뷔지에Le Corbusier를 비롯한 모더니스트들은 인간 중심의 도시 환경을 위해 보다 현실적인 이상 세계를 제시했습니다. 현대 건축에 가장 큰 영향을 주었던 르 코르뷔지에가 상상한 이상적인 도시 모습은 산업화로 인해 점점 더 도심으로 몰려드는 인구를 가장 효과적으로 수용할 수 있는 주거 환경을 갖추는 것이었습니다. '집은 사람이 살기에 편안한 곳이어야 한다'는 철학에 근거한 주거 공간은 최대한 안전하고 기능적이며 편리한 교통 체계가 뒷받침되어야 했죠. 그는 '경제성의 원리 안에서 대량생산 주택을 달성할 수 있고, 그런 집이야말로 건강하고 도덕적이고 아름다운 집'이라고 선언했는데요. 1952년에 프랑스 마르세유에 건설한 유니테 다비타시옹Unité d'habitation은 제2차 세계대전 이후 마르세유의 주택 문제를 해결해야 했던 프랑스 정부의 정책과 르 코르뷔지에의 이상이 결합된 결과물이었습니다.

반면 벅민스터 플러Buckminster Fuller와 같은 이상주의적 생태 건축가들은 모더니스트들이 인간의 편안한 삶을 위해 자연을 조각내고,

좋은 디자인은 내일을 바꾼다

자르는 과정에서 무리하게 자원을 낭비한다고 여겼습니다. 플러는 자연 침해로 발생한 인간과 자연 간의 단절을 멈추고, 인간 사회가 무한한 자연의 힘에 의지하여 더불어 지속할 수 있는 세상을 만들고자 했습니다. 그런 그의 이상은 지오데식 돔geodesic dome이라는 건축 양식으로 구현되어 새로운 유토피안의 미래를 보여주었습니다. 지오데식 돔은 3개의 변이 동일한 정삼각형이 서로 연결된 다면체로 표면을 덮은 반구형 또는 구형의 구조체입니다. 1967년 몬트리올 박람회의 미국관 건물로 선을 보인 지오데식 돔은 지구상에서 지어진 어떤 집보다도 강하고 가벼우며, 재료 또한 최소한으로 사용한 건축 양식이었습니다. 단순한 원리와 최소한의 재료로 만들었지만, 강한 태풍과 지진에도 무너지지 않을 정도로 매우 안정적인 구조를 가지고 있습니다. 지오데식 돔은 원래 응급 상황 시 대피를 위해 구상된 것인데요. 구조가 단순하기 때문에 대량생산도 가능하고, 가벼워 재난 지역 어디든 수송할 수 있고요. 주변에서 쉽게 구할 수 있는 재료로도 제작이 가능했기 때문에 피난처가 절실한 사람들에게 은신처가 될 수 있었습니다.

현대 디자이너들은 그의 이상을 현실 가능한 차원으로 변형하여 사회를 개선해나가기도 합니다. 영국의 밀레니엄 프로젝트 중의 하나로 2000년 콘월에 건설된 에덴 프로젝트Eden Project는 거대한 온실이자 생태계 시스템입니다. 플러가 이상 사회 실현의 모델로 제안했

디자인은 꿈꾸는 사람들의 미래를 위해서
오늘도 도전을 마다하지 않는다.

던 지오데식 돔의 구조를 사용해 건설한 세계에서 가장 큰 규모의 그린 하우스입니다. 13헥타르 규모의 이 거대한 그린하우스 프로젝트는 지역민과의 협력을 통해서 건설된 프로젝트로도 관심을 받았습니다. 2001년 개관 이래로 400명 이상의 정규직을 포함하여 800명 이상의 고용 인력과 1,100만 명 이상의 방문객을 창출했다고 하지요. 사람과 장소를 연결하는 데 식물이 매개가 된 이 프로젝트의 주요 목적은 문명과 야생이 다양한 환경 속에서 상호 작용하는 것을 돕고, 균형 잡힌 환경 안에서 세상을 함께 키워가는 것입니다. 지중해 생물군계The Rainforest Biome와 열대우림 생물군계The Mediterranean Biome를 중심으로 전 세계 2,600여 종이 넘는 식물들이 살고 있으며 지구 환경과 관련된 풍부한 교육용 자료의 관람과 체험 학습은 물론이고 다채로운 이벤트와 예술 행사까지 경험할 수 있습니다. 아시아 최대의 환경 프로젝트로 충남 서천에 위치한 국립생태원이 에덴 프로젝트를 모델로 해서 만들어지기도 했습니다.

디자인은 인간이 인간답게 살아가는 방법을 탐구하고, 가장 이상적인 해답이라고 여기는 것들을 제시해왔습니다. 그중에서도 유독 감동을 주는 디자인들에는 한 가지 공통점이 있었습니다. 꿈을 갖고 시작했다는 것입니다. 역사상 위대한 디자이너들이 몽상가로 불리고, 현실과는 먼 이상주의자로 여겨졌던 것도 그 이유였습니다.

그들은 언제나 꿈을 꾸었으니까요.

지금 이 순간도 디자이너들은 자유로운 인간의 삶을 꿈꿉니다. 하지만 달라진 것이 하나 있습니다. 위대한 사상가나 천재적인 디자이너 한 사람이 꿈꾸는 이상 사회가 아니라는 겁니다. 창의적인 아이디어로 충만한 한 사람 한 사람의 꿈을 디자이너도 함께 꿈꾸고 공감합니다. 그리고 그 모든 꿈들을 담아낼 디자인의 미래를 꿈꿉니다. 누군가는 노동으로부터 해방되기를 바라고, 또 누군가는 일이 즐거운 사회를 원합니다. 어떤 이는 생활하기에 편리하고 안전한 사회를 최우선으로 삼고요. 어떤 사람은 지구 자원의 순환을 고려한 생태 사회를 위해 헌신합니다. 오늘을 사는 디자이너들은 모든 이들의 꿈을 위해 도전을 마다하지 않습니다. 혼자서 꾸는 꿈은 그저 꿈에 불과하지만, 함께 꾸는 꿈은 비록 작더라도 현실이 된다는 것을 믿기 시작했으니까요.

좋은 디자인은 내일을 바꾼다

나는 문제를 해결할 때 절대 아름다움에 대해 생각하지 않는다.
나는 문제 해결 방법만을 생각한다. 그러나 내가 일을 마쳤을 때
그 해결책이 아름답지 않으면 그것이 잘못된 것임을 안다.

- 버크민스터 풀러Buckminster Fuller

다음 세대에 전하고 싶은 한 가지는 무엇입니까?

다음 세대를 생각하는 인문교양 시리즈 ⦁아우름

아우름 시리즈는 계속 출간됩니다.

아우름 41

좋은 디자인은
내일을 바꾼다

1판 1쇄 인쇄 2019년 11월 21일
1판 1쇄 발행 2019년 11월 29일

지은이 김지원
펴낸이 김성구

책임편집 현미나
단행본부 류현수 고혁 홍희정
디자인 이영민
본문 일러스트 김태균
제 작 신태섭
마케팅 최윤호 나길훈 김영욱 김미연
관 리 노신영

펴낸곳 (주)샘터사
등 록 2001년 10월 15일 제1-2923호
주 소 서울시 종로구 창경궁로35길 26 2층 (03076)
전 화 02-763-8965(단행본부) 02-763-8966(마케팅부)
팩 스 02-3672-1873 **이메일** book@isamtoh.com **홈페이지** www.isamtoh.com

ISBN 978-89-464-2114-1 04080
ISBN 978-89-464-1885-1 04080(세트)

이 도서의 국립중앙도서관 출판시도서목록(CIP)은 e-CIP 홈페이지
(http://www.nl.go.kr/cip.php)에서 이용하실 수 있습니다. (CIP제어번호: CIP2019046460)

값은 뒤표지에 있습니다.
잘못 만들어진 책은 구입처에서 교환해드립니다.